A ESSÊNCIA DA
Felicidade

EDITORA AFILIADA

Os Objetivos, a Filosofia e a Missão da Editora Martin Claret

O principal Objetivo da MARTIN CLARET é continuar a desenvolver uma grande e poderosa empresa editorial brasileira, para melhor servir a seus leitores.

A Filosofia de trabalho da MARTIN CLARET consiste em criar, inovar, produzir e distribuir, sinergicamente, livros da melhor qualidade editorial e gráfica, para o maior número de leitores e por um preço economicamente acessível.

A Missão da MARTIN CLARET é conscientizar e motivar as pessoas a desenvolver e utilizar o seu pleno potencial espiritual, mental, emocional e social.

A MARTIN CLARET está empenhada em contribuir para a difusão da educação e da cultura, por meio da democratização do livro, usando todos os canais ortodoxos e heterodoxos de comercialização.

A MARTIN CLARET, em sua missão empresarial, acredita na verdadeira função do livro: o livro muda as pessoas.

A MARTIN CLARET, em sua vocação educacional, deseja, por meio do livro, claretizar, otimizar e iluminar a vida das pessoas.

Revolucione-se: leia mais para ser mais!

MARTIN CLARET

COLEÇÃO PENSAMENTOS E TEXTOS DE SABEDORIA

A ESSÊNCIA DA
Felicidade

A ESSÊNCIA DA SABEDORIA DOS
GRANDES GÊNIOS DE TODOS OS TEMPOS

MARTIN CLARET

A ARTE DE VIVER

Créditos

© *Copyright* Editora Martin Claret, 2005

IDEALIZAÇÃO E COORDENAÇÃO
Martin Claret

CAPA
Primavera (1482),
Sandro Botticelli
(Ver pág. 125)

MIOLO
Revisão
Elizabete F. da Silva

Direção de Arte
José Duarte T. de Castro

Digitação
Conceição A. Gatti Leonardo

Editoração Eletrônica
Editora Martin Claret

Fotolitos da Capa
OESP

Papel
Off-Set, 70g/m²

Impressão e Acabamento
Paulus Gráfica

EDITORA MARTIN CLARET LTDA.
R. Alegrete, 62 – Bairro Sumaré – São Paulo-SP
CEP: 01254-010 - Tel.: (11) 3672-8144 – Fax: (11) 3673-7146
www.martinclaret.com.br

Agradecemos a todos os nossos amigos e colaboradores — pessoas físicas e jurídicas — que deram as condições para que fosse possível a publicação deste livro.

Este livro foi impresso na primavera de 2005.

A ARTE DE VIVER

Seja Profeta de Si Mesmo

"A função derradeira das profecias não é a de predizer o futuro, mas a de construí-lo."

Somos criaturas programáveis

Caro leitor: não é por acaso que você está lendo este livro-*clipping*. Nada acontece por acaso. Tudo acontece por uma causa.

Possivelmente a causa de você o estar lendo, seja a sua vontade de obter mais informações, ou expandir a sua consciência. A causa, também, pode ser a força da minha mentalização.

Cientistas, antropólogos, psicólogos e educadores têm afirmado que o ser humano é uma criatura culturalmente programada e programável.

Eis aí uma grande verdade.

Seu *Hardware* e seu *Software*

Nosso cérebro e nosso sistema nervoso — o nosso *hardware* (a máquina) — é mais ou menos igual em todas as pessoas. A grande diferença que faz a diferença é o que está gravado ou programado no cérebro, isto é, o nosso *software* (o programa).

Explicando de uma maneira extremamente

simplificada, você tem três tipos de programação: 1ª- a programação genética (o instinto); 2ª- a programação sócio-cultural (família, amigos, escola, trabalho, líderes espirituais e políticos, livros, cinema, TVs, etc.); 3ª- a autoprogramação ou a programação feita por você em você mesmo.

Na primeira programação você não tem nenhum controle; na segunda, tem controle parcial; e na terceira programação você tem controle total.

É fundamental que você saiba, conscientemente, controlar o terceiro tipo de programação, ou seja, a autoprogramação.

Um método de autoprogramação humana

Todos os livros-*clippings* da coleção *Pensamentos de Sabedoria* foram construídos para conduzir você a se autoprogramar para um estado de ser positivo, realístico e eficiente.

Depois de longa pesquisa e vivência — análise e intuição — concluí que há, e sempre houve, um método simples e seguro de autoprogramação.

As informações adquiridas através da leitura de "historinhas", parábolas, fábulas, metáforas, aforismos, máximas, pensamentos, etc., podem, eventualmente, atingir seu subconsciente sem passar pelo crivo do consciente analítico e bloqueador. Esta prática permite, sem grande esforço, implantar em seu sistema automático perseguidor de objetivos, uma programação incrivelmente poderosa e geradora de ação.

Sabemos — o grande objetivo da educação não

é apenas o *saber*, mas a *ação*.

Um dos maiores Mestres de nosso tempo e um gênio na Arte de Viver, formalizou, com incrível simplicidade, este princípio, quando ensinou: "Pedi e vos será dado; buscai e achareis; batei e vos será aberto. Pois todo o que pede, recebe; o que busca, acha; e ao que bate, se abrirá."

Hoje, em plena era da informática com a conseqüente revolução da comunicação, estamos compreendendo esses eficientes recursos que temos inerentemente dentro de nós.

Um livro "vivo" e motivador

A coleção *Pensamentos de Sabedoria* foi idealizada e construída para nos programar (autoprogramar) para a plenitude da vida. São 72 volumes de 128/136 páginas, no formato de bolso 11,5 x 18 cm com textos essencializados, de alta qualidade gráfica, periodicidade mensal, baixo custo e distribuição a nível nacional.

Este livro começa onde o leitor o abrir. Ele não tem início nem fim. Pode continuar na nossa imaginação.

A essência da sabedoria dos grandes mestres espirituais, líderes políticos, educadores, filósofos, cientistas e empreendedores está aqui reunida de uma maneira compacta e didaticamente apresentada.

Buscamos a popularização do livro.

A foto e o pequeno perfil biográfico do autor de cada pensamento têm a função de facilitar a visualização do leitor. As "historinhas", ou "cápsulas" de informação, estão apresentadas com extrema concisão. As principais emoções e os mais importantes assuntos do conhecimento humano, bem como a vida de personalidades imortais, estão presentes nos 72 volumes. Cada título da coleção *Pensamentos de Sabedoria* é um livro "vivo", motivador e transformador. Oferecemos o livroterapia.

Uma paixão invencível

Minha permanente paixão cultural (já o disse em outros trabalhos) é ajudar as pessoas a se auto-ajudarem. Acredito ser esta minha principal vocação e missão. Quero "claretizar" as pessoas, ou seja, orientá-las no sentido de que vivam plenamente e tenham uma visão univérsica do mundo. Que sejam e que vivam harmonizadamente polarizadas.

Você tem o poder de genializar-se.

Este é o meu convite e o meu desafio lançado a você, leitor. Participe do "Projeto Sabedoria" e seja uma pessoa cosmo-pensante e auto-realizada.

"Pensar que É faz realmente SER".

Leitor amigo: vamos, juntos, construir uma poderosa força sinérgica para o nosso desenvolvimento pessoal e para o desenvolvimento de todas as pessoas de boa vontade.

Comece rompendo seus limites, modelando os grandes gênios. Visualize-se como já sendo "um vencedor do mundo".

Seja profeta de si mesmo.

MARTIN CLARET
Editor

A ARTE DE VIVER

SENNA (Airton) - Piloto brasileiro de corridas automobilísticas.
É considerado o mais brilhante piloto de corridas de sua geração. Iniciou sua carreira aos 4 anos, pilotando *kart* e foi um dos brasileiros que mais ganhou provas de *kart*. Na Fórmula Ford 2000 foi o piloto que alcançou maior número de vitórias. Na Fórmula 3 chegou a ganhar nove provas seguidas, um recorde mundial. Em 1984, passou para a Fórmula 1, categoria que o consagrou campeão e ídolo mundial, após sucessivas vitórias. Foi vitimado por um acidente fatal, em 1994, no circuito de Ímola na Itália, quando defendia mais um título pela Fórmula 1. (1960-1994).

"
Preservo meus valores. Eles são o meu alicerce. Mexer no meu alicerce é um risco que não quero correr. Sou feliz assim.
"

Que é Ser Feliz?

F　*elicidade* — é este o clamor de toda a criatura. Todo o resto é meio — somente a felicidade é um fim.

Ninguém deseja ser feliz para algo — quer ser feliz para ser feliz.

A felicidade é a suprema auto-realização do ser.

Que é ser feliz?

Ser feliz é estar em perfeita harmonia com a constituição do Universo, seja consciente, seja inconscientemente.

A natureza extra-hominal é inconscientemente feliz, porque está sempre, automaticamente, em harmonia com o Universo.

Aqui na terra, somente o homem pode ser conscientemente feliz — e, também, conscientemente infeliz.

A natureza possui, por assim dizer, uma felicidade *neutra*, ou inconsciente — o homem pode possuir uma felicidade *positiva* ou uma infelicidade *negativa*. Com o homem começa a bifurcação da linha única da natureza; começa o estranho fenômeno da *liberdade* no meio da universal *necessidade*.

A natureza só conhece um dever *compulsório*.

O homem conhece um *querer espontâneo*, seja rumo ao positivo, seja rumo ao negativo.

O desejo universal é a felicidade — e, no entanto, poucos homens se dizem felizes. A imensa maioria da humanidade tem a *potencialidade* ou possibilidade de ser feliz —poucos têm a felicidade atualizada ou realizada. Poder-ser-feliz é uma felicidade incubada, porém não nascida — ser-feliz é uma felicidade eclodida.

Qual a razão última por que muitos homens não são felizes, quando o poderiam ser?

Passam a vida inteira, 20, 50, 80 anos marcando passo no plano horizontal do seu *ego externo* e ilusório — nunca mergulharam nas profundezas verticais do seu *Eu interno* e verdadeiro. E, quando a sua infelicidade se torna insuportável, procuram atordoar, esquecer, narcotizar, temporariamente, esse senso e infelicidade, por meio de diversos expedientes da própria linha horizontal, onde a infelicidade nasceu. Não compreendem o seu erro de lógica e matemática: que horizontal não cura horizontal — assim como as águas dum lago não movem uma turbina colocada ao mesmo nível. Somente o vertical pode mover o horizontal — assim como somente as águas duma cachoeira podem mover uma turbina.

Quem procura curar os males do ego pelo próprio ego, comete um erro fatal de lógica ou de matemática. Não há cura de igual a igual — mas tão somente de superior para inferior, de vertical para horizontal.

Camuflar com derivativos e escapismos a infelicidade não é solucionar o problema; é apenas mascará-lo e transferir a infelicidade para outro tempo — quando a infelicidade torna a se manifestar com dobrada violência.

Remediar é remendar — não é curar, erradicar o mal.

A cura e erradicação consiste unicamente na entrada numa nova dimensão de consciência e experiência. Não consiste numa espécie de continuísmo — mas sim num novo início, numa iniciativa inédita, numa verdadeira iniciação.

Não se trata de "pôr remendo novo em roupa velha", na linguagem do Nazareno; trata-se de realizar a "nova criatura em Cristo", que é a transição da consciência do ego horizontal e ilusório para a consciência do Eu vertical e verdadeiro.

Todos os mestres da humanidade afirmam que a verdadeira felicidade do homem, aqui na terra, consiste em "amar o próximo como a si mesmo". Ou então em "fazer aos outros o que queremos que os outros nos façam".

Existe essa possibilidade de eu amar meu semelhante assim como me amo a mim mesmo?

Em teoria, muitos o afirmam — na prática poucos o fazem.

Donde vem essa dificuldade?

Da falta de verdadeiro *autoconhecimento*. Pouquíssimos homens têm uma visão nítida da sua genuína realidade interna; quase todos se identificam com alguma facticidade externa, com o seu ego físico, seu ego mental ou seu ego emocional. E por esta razão não conseguem realizar o *amor-alheio* igual ao *amor-próprio*, não conseguem amar o seu próximo como se amam a si mesmo. Alguns, num acesso de heróica estupidez, tentam amar o próximo *em vez* de si mesmos, o que é flagrantemente antinatural, como também contrário a todos os mandamentos dos mestres da humanidade. Todos sabem que o amor-próprio de todo o ser vivo é a quintessência do seu ser; nenhum ser vivo pode existir por um só momento sem se amar a si mesmo; esse amor-próprio é idêntico à sua própria existência.

Amor-próprio não é necessariamente egoísmo. Egoísmo é um amor-próprio *exclusivista*, ao passo que o verdadeiro amor-próprio é *inclusivista*, inclui todos os amores-alheios no seu amor-próprio, obedecendo, assim, ao imperativo da natureza e à voz de todos os mestres espirituais da humanidade.

Enquanto o homem marca passo no plano horizontal do seu ego, pode haver em sua vida *guerra* e *armistício* — mas nunca haverá *paz*. Armistício é uma trégua entre duas guerras; é uma guerra fria do ego, que amanhã pode explodir em guerra quente. O ego ignora totalmente o que seja paz. O ego de boa vontade assina armistícios temporários, o ego de má vontade declara guerra de maior ou menor duração — mas nem este nem aquele sabe o que seja paz.

Em vésperas da sua morte, disse o Nazareno a seus discípulos: "Eu vos dou a paz, eu vos deixo a minha paz." E, para evitar qualquer confusão entre paz e armistício, logo acrescentou: "Não dou a paz assim como o mundo a dá. Eu vos dou a paz para que minha alegria esteja em voz, seja perfeita a vossa alegria, e nunca ninguém tire de vós a vossa alegria."

Paz e alegria duradouras nada têm que ver com guerra e armistício, que são do ego, de boa ou má vontade; a paz e a alegria permanentes são unicamente do Eu divino no homem.

E onde não houver paz e alegria permanentes não há felicidade.

(In: *O Caminho da Felicidade*, Huberto Rohden, Editora Martin Claret, 1992.)

A ARTE DE VIVER

DIDEROT (Denis) - Filósofo e escritor francês. Destinado à carreira eclesiástica, iniciou seus estudos na escola jesuítica de sua cidade natal (Langres). É considerado um reformador do teatro francês, criando o teatro burguês. Na crítica literária foi um teórico do pré-romantismo e na filosofia é considerado um pensador típico do iluminismo (século XVIII). Sua mais famosa obra é *A Enciclopédia*.(1713-1784).

"
A sabedoria não é outra coisa senão a felicidade.
"

A ARTE DE VIVER

Curso Rápido de Relações Humanas

As seis palavras mais importantes:
Admito que o erro foi meu.

As cinco palavras mais importantes:
Você fez um bom trabalho.

As quatro palavras mais importantes:
Qual a sua opinião?

As três palavras mais importantes:
Faça o favor.

As duas palavras mais importantes:
Muito obrigado.

A palavra mais importante: **Nós.**

A palavra menos importante: **Eu.**

A ARTE DE VIVER

STUART MILL - Filósofo e economista inglês. Desde os três anos de idade revelou-se um menino-prodígio. Foi educado pelo próprio pai, James Mill que era psicólogo, historiador, pensador político e economista. A partir de 1834, Stuart Mill dedicou-se à literatura, escrevendo suas várias obras. Seu tema preferido era a Liberdade. Foi também parlamentar dedicado à causa feminina. Entre suas obras está o livro: *Sobre a Liberdade*. (1806-1873).

> **Aprendi a buscar a felicidade limitando meus desejos, ao invés de satisfazê-los.**

A ARTE DE VIVER

O Guia Perfeito da Felicidade

Durante três meses andei interrogando amigos e conhecidos sobre o guia ideal para uma vida feliz. Todos, é claro, tinham conhecimento desse famoso código de relações humanas. Mas, das 70 pessoas que auscultei a respeito, nenhuma pôde citar uma só linha.

O documento que eles não conseguiram recordar era o Sermão da Montanha — a Carta Magna da fé cristã. Três meses atrás, eu supunha que a maioria das pessoas sabia alguma coisa do que Jesus dissera na mais admirável das suas pregações. Agora estou certo de que bem pouca gente tem uma lembrança clara das suas palavras ou do significado das mesmas. E, contudo, o Sermão da Montanha, segundo a versão de São Mateus, Capítulos V a VII, não só ensina as verdades espirituais mais profundas, como também indica o procedimento segundo o qual qualquer pessoa pode obter saúde, bom êxito e tranqüilidade; paz da mente e paz da alma.

Ora, são essas justamente as chaves mais procuradas. Os livros atuais de maior popularidade tratam, principalmente, do homem e seus malogros. O crescente exército de pessoas neuróticas e desanimadas atesta o vazio cada vez maior da vida moderna.

Entretanto, as ansiedades da média das pessoas são proporcionalmente maiores que os seus problemas. Poucos de nós, durante toda a nossa vida, somos chamados, algum dia, a enfrentar perigos que requeiram heroísmo. Em sua maior parte nossas dificuldades são bastante simples: o emprego, as pessoas com quem trabalhamos, os filhos, a necessidade de sermos amados, de nos sentirmos importantes, de tomarmos parte nas coisas da vida.

Por que, então, tantas pessoas levam essa vida que Thoreau qualificou de "silencioso desespero"? Não será porque se afastaram de algum grande fundamento da fé, que deveria ser para nós como rios de água numa região árida, como a sombra de um grande rochedo numa terra de desolação?

O remédio para a vida desesperada, a receita para a dor e, como diz Hamlet, "para todos os mil choques de que a carne é herdeira", está bem a mão, simples e seguro, numa grande sentença esquecida — a inexcedida Lei Áurea das relações humanas:

Portanto, tudo o que vós quereis que os homens vos façam, fazei-o, também, vós a eles.

O Sermão é rico em conselhos sensatos sobre a conduta pessoal nas relações de cada dia. A nossa tendência para criticar os outros, sem que nos culpemos a nós mesmos, é assim denunciada:

Não julgueis para que não sejais julgados; porque com o juízo com que julgardes, sereis julgados, e com a medida com que tiverdes medido hão de vos medir a vós.

Esta regra serviu a Abraham Lincoln, dando-lhe força e confiança para sustentar a união dos Estados Unidos e conservar-se, ele mesmo, isento de azedume. Nenhuma outra figura histórica citou tanto o Sermão da Montanha.

Não só devemos abster-nos de condenar, mas devemos perdoar também. Para muitos de nós este é o mais difícil dos ensinamentos. Mas os médicos e os psicologistas atuais estão de acordo em que é também o mais necessário:

Ouvistes que foi dito: Amarás o teu próximo e aborrecerás o teu inimigo. Eu, porém, vos digo: Amai aos vossos inimigos, bendizei os que vos maldizem, fazei bem aos que vos odeiam e orai pelos que vos maltratam e vos perseguem.

Poderá parecer que este ensinamento é impraticável, que é exigir demais da natureza humana. E, contudo, que faz toda mãe, que faz todo pai? Volta a outra face, perdoa enquanto corrige seus filhos — perdoa e continua amando, procurando ajudar. No mesmo espírito de amor e solidariedade, o Sermão incita-nos a que procuremos compreender, que procuremos perdoar, que procuremos amar a todos os nossos semelhantes. Na luta pelo domínio de si mesmo, o Sermão propõe-nos um pacto solene — que o Pai só nos perdoará as ofensas na medida em que perdoarmos aos outros as ofensas que nos fizerem. Uma vez experimentada esta doutrina, tão pouco realista na aparência, logo se revela a sua praticabilidade. A Sra. A. mudou-se para uma cidadezinha do interior, pouco hospitaleira para com os forasteiros. Não tardou a saber que a vizinha da casa ao lado, a Sra. B., conhecida por sua língua ferina, andara fazendo observações desfavoráveis à sua pessoa. Reprimiu um impulso de correr lá, imediatamente, para tomar satisfação. Alguns dias depois, encontrou-se com uma amiga íntima da difamadora. Apresentou-se. A outra mulher retraiu-se, mostrando que estava bem industriada quanto aos "defeitos" da Sra. A. "Eu moro ao lado da Sra. B.," disse a Sra. A. "É a melhor vizinha que eu poderia encontrar. Estou muito contente de morar perto dela." Alguns dias depois, a Sra. B. apareceu à porta da Sra. A. e disse-lhe, visivelmente envergonhada: "Eu devia ser, realmente, uma boa vizinha. Mas talvez não tenha sido tão boa quanto a senhora julga." Nunca se fez menção da bisbilhotice, e as duas tornaram-se excelentes amigas.

O perdão, o olvido de rancores, como o Sermão ensina, é igualmente importante para a saúde física. Nos últimos vinte anos, os médicos verificaram que a preocupação, a raiva e o ódio são venenos que podem arruinar e destruir, não só o espírito, mas também o corpo. O rancor pode produzir artritismo, um acesso de fúria pode ocasionar a necessidade da cirurgia.

Um ilustre clínico disse recentemente: "A preocupação, o medo e a raiva são os maiores causadores de doenças. Se tivéssemos uma fé perfeita, não nos preocuparíamos. A fé é o grande remédio."

Um proeminente homem de negócio, vice-presidente de uma firma, esperava, quando o fundador morreu ser escolhido para presidente. A diretoria, entretanto, escolheu uma pessoa de fora. O despeito do vice-presidente tornou-se uma obsessão secreta, mas avassaladora: não podia dormir nem concentrar-se. Um dia ficou muito surpreendido ouvindo dois contínuos falarem a seu respeito. Todo o mundo comentava que ele se estava aniquilando. Desesperado, aconselhou-se com um amigo sobre o que devia fazer. "Ame a pessoa que você detesta," foi a resposta. "Ajude-a!"

Na manhã seguinte, procurou por em prática o conselho do amigo e, dominando o seu ressentimento, fez uma sugestão. O novo presidente agradeceu-lhe efusivamente a idéia, dizendo-lhe: "Estou assustado neste lugar. O senhor conhece tudo isto melhor do que eu. Por favor, ajude-me." E a vida mudou para ambos, ali mesmo, naquele momento.

Para aqueles que passam a vida empilhando sacos de dinheiro para fins egoístas, achamos esta advertência:

> *Não andeis cuidadosos quanto à vossa vida, pelo que haveis de comer ou pelo que haveis de beber; nem quanto ao vosso corpo, pelo que haveis de vestir... Mas buscai primeiro o reino de Deus e a sua justiça, e todas estas coisas vos serão acrescentadas.*

Desde a infância tenho visto esta promessa cumprir-se diante dos meus olhos. Minha mãe acreditava nela inteiramente, e a sua fé jamais foi abalada, nem mesmo nos tempos mais negros, quando estávamos reduzidos à última côdea de pão. Tal como minha mãe esperava, as coisas sempre mudavam para melhor, e sempre a tempo.

É verdade que os ensinamentos contidos no Sermão da Montanha não são fáceis de seguir. Para segui-los à risca, eu teria de me tornar, entre outras coisas, generoso e franco, misericordioso, afetuoso, deveria libertar-me da ganância e da malevolência. Deveria possuir uma firme confiança em que, mais cedo ou mais tarde, as coisas acabariam bem, e, assim, não desperdiçaria as minhas forças, nem perturbaria a minha digestão com preocupações.

Aqueles que seguem estes ensinamentos e confiam nas suas promessas, declara o Sermão, são "a luz do mundo". E o Sermão adverte-nos que demos um exemplo de decoro ao mundo:

Assim resplandeça a vossa luz diante dos homens para que vejam as vossas boas obras.

Há uma segurança que procede apenas de viver uma vida virtuosa:

Todo aquele, pois, que escuta estas minhas palavras e as pratica, assemelhá-lo-ei ao homem prudente, que edificou a sua casa sobre a rocha. E desceu a chuva, e correram rios, e assopraram ventos, e combateram aquela casa, e não caiu, porque estava edificada sobre a rocha. E aquele que ouve estas minhas palavras e não as cumpre, compará-lo-ei ao homem insensato, que edificou a sua casa sobre a areia. E desceu a chuva, e correram rios, e assopraram ventos e combateram aquela casa, e caiu, e foi grande a sua queda.

Não é de estranhar, talvez, que tantas pessoas tenham esquecido o mais profundo sermão de todos os tempos, pois a sua riqueza é expressa com tanta simplicidade: é natural, sem dúvida, que os sabidos e mundanos se retraiam diante de urna fé tão sem artifícios. Mas a verdade é que, quanto menos fé um homem tiver em seu Deus, menos fé terá em si mesmo e tanto mais insegura, horrível e sem objetivos se tornará a sua vida.

Mil vezes que um homem leia estas palavras, sempre encontrará nelas nova beleza e nova sabedoria. Nos velhos tempos em que Cristo as pronunciou, Mateus disse: *"As turbas ficaram admiradas."* Qualquer um ficará admirado também ao descobrir quanto é pertinente o Sermão da Montanha aplicado à sua vida diária.

(In: *Seleções do Reader's Digest*, T. E. Murphy, condensado de *The Rotarian*, 1980.)

> **Cada um de nós compõe a sua história, cada um carrega em si o dom de ser capaz de ser feliz.**

Almir Sater
(Cantor, compositor e ator)

A ARTE DE VIVER

Receita de Felicidade

H á uma única pessoa
no mundo
que realmente pode
fazer você feliz.

Há uma única pessoa
no mundo que realmente pode
fazer você infeliz.

Que tal
conhecer
essa pessoa
mais intimamente?

Para começar,
olhe-se no espelho;
sorria e diga:
"Olá!"

(Do livro de Ken Keyes Jr., *Receitas de Felicidade*, Editora Pensamento, São Paulo, 1989.)

A ARTE DE VIVER

EPICURO - Filósofo grego, nascido em Samos. Instalou-se em Atenas e ali fundou uma escola filosófica de grande popularidade. Sistematizou a filosofia conhecida como Epicurismo. Essa filosofia manteve sua tradição ininterrupta por sete séculos até a chegada do cristianismo. Sua escola admitia mulheres, fato que abalou o mundo erudito de sua época. (341-270 a.C.).

> *O essencial para a nossa felicidade é a nossa condição íntima; e desta somos nós os senhores.*

A ARTE DE VIVER

Onde o Senhor Pensa que Está?

Um homem morreu e viu que se encontrava em um bonito lugar, cercado de todo o conforto que se podia imaginar. Então um sujeito todo vestido de branco se aproximou dele e lhe disse: "Você pode ter tudo o que quiser: qualquer alimento, qualquer tipo de prazer, qualquer espécie de entretenimento."

O homem ficou encantado e, durante dias seguidos, provou de todas as iguarias e teve todas as experiências com que havia sonhado na sua vida na Terra.

Um belo dia, porém, ficou enfastiado de tudo aquilo e, chamando o atendente, disse:

"Estou cansado disso tudo aqui. Preciso fazer alguma coisa. Que tipo de trabalho você pode me oferecer?"

O atendente balançou tristemente a cabeça e respondeu:

"Sinto muito, senhor. Mas isso é a única coisa que não podemos lhe oferecer. Aqui não existe nenhum trabalho para o senhor." Ao que o homem replicou: "Ah, isso é ótimo! Eu estaria bem melhor no inferno!"

E o atendente disse tranqüilamente: "E onde o senhor pensa que estamos?"

(In: *Almanaque do Pensamento*, Editora Pensamento, 1992.)

A ARTE DE VIVER

HUBERTO ROHDEN - Filósofo e educador brasileiro. Escreveu cerca de 50 obras sobre religião, ciência, e filosofia. Em Princeton conheceu Einstein, quando lançou os alicerces para o movimento mundial da Filosofia Univérsica. É biógrafo de Einstein, Gandhi, Pascal, Jesus de Nazaré, Paulo de Tarso e outros. (1893-1981).

> Ser feliz é estar em perfeita harmonia com a constituição do Universo. A felicidade é a suprema auto-realização do Ser.

A ARTE DE VIVER

Minutos de Sabedoria

Com os nossos pensamentos e palavras, construímos o verdadeiro mundo em que vivemos.
Por isso, nossa vida e nossa felicidade dependem exclusivamente de nossos pensamentos e de nossas palavras.
Vigie o momento presente, para que seu futuro seja feliz.
Plante sementes de otimismo e de amor, para colher amanhã os frutos da alegria e da felicidade.

* * *

O amor e a alegria são os elementos básicos para conquistarmos amizades e as conservarmos.
E são básicos, também, para nossa paz mental.
Demonstre amor e alegria em todas as oportunidades, e veja que a paz nasce dentro de você.
A felicidade não pode estar em nada que esteja fora de você.
Busque-a dentro de você mesmo, pois a Felicidade é Deus, e Deus mora dentro de você.

* * *

Cultive a alegria em dose máxima.
Alegria, porém, não é barulho: é um estado de alma de quem sente em si a plenitude da vida.

A alegria provém de dentro de nós mesmos, da consciência tranqüila, do cumprimento exato de nossos deveres, e vibra em nós apesar de todos os sofrimentos, calúnias e injustiças.

Seja alegre sempre e, quando a tristeza quiser encobrir o sol de sua vida, entoe um cântico de louvor ao Pai, e a luz brilhará novamente em você.

* * *

Mantenha aceso seu ideal de felicidade.

Trabalhe visando ao bem próprio e ao bem da humanidade.

Mas não tenha apenas a preocupação de acumular riquezas, que os vermes destroem e a ferrugem consome.

Acumule riquezas duradouras, constituídas dos benefícios que presta a seus irmãos, porque amanhã você receberá de todos a alegria da vitória, auxiliada por você.

A alegria do bem que se realiza é o maior tesouro que podemos obter.

(In: *Minutos de Sabedoria*, C.Torres Pastorino, Editora Vozes, 1993.)

A ARTE DE VIVER

MAHATMA GHANDI - Líder político e espiritual da Índia, cuja sabedoria e postura humanista tornaram-no conhecido no mundo inteiro. Através da filosofia da não-violência libertou a Índia do colonialismo britânico. Nasceu em Porbandar (Estado de Kathiavar), no norte da Índia. Estudou direito em Londres. Escreveu mais de duas centenas de livros sobre religião, saúde e política. Sua obra mais conhecida é a autobiografia *Minha Vida e Minhas Experiências com a Verdade*. Por razões políticas foi assassinado em 1948, em Nova Delhi. (1869-1946).

> **A verdadeira felicidade é impossível sem a verdadeira saúde e a verdadeira saúde é impossível sem disciplina.**

A ARTE DE VIVER

Como Aprender o Hábito de Ser Feliz

Nossa auto-imagem e nossos hábitos tendem a caminhar juntos. Mude uma e automaticamente mudará os outros. A palavra "hábito" significa, originalmente, vestimenta, roupa. Ainda costumamos usar o vocábulo nesse sentido. Isso nos dá uma idéia da verdadeira natureza do hábito. Nossos hábitos são, literalmente, vestimentas usadas por nossas personalidades. Não são acidentais ou casuais. Temo-los porque eles nos assentam bem, são coerentes com a nossa auto-imagem e com toda a nossa personalidade. Quando nós, de modo consciente e deliberado, criamos novos e melhores hábitos, os hábitos velhos se tornam inadequados para nossa auto-imagem; esta, adquire um novo feitio.

Tenho muitos pacientes que se espantam quando falo em modificarem seus padrões de ação habituais ou em agirem segundo novos padrões de comportamento, até que estes se tornem automáticos. Eles confundem, "hábito" com "vício". Vício é algo a que nos sentimos atraídos e que provoca severos sintomas de afastamento. Hábitos por outro lado, são apenas reações e respostas que aprendemos a ter automaticamente, sem precisarmos "pensar" ou "resolver"; são executados pelo nosso Mecanismo Criador. Noventa e cinco por cento de nosso comportamento, sentimentos e reações são habituais. O pianista não "decide" em que tecla deve bater. O dançarino não "decide" que pé deve movimentar, e de que maneira. Sua reação é automática e impensada.

Quase da mesma maneira, nossas atitudes, emoções e convicções tendem a se tornar habituais. Nós, no passado, "aprendemos" que certas atitudes, maneiras de sentir e pensar eram "apropriadas" a determinadas situações. Agora, tendemos a pensar, sentir e agir da mesma maneira, sempre que defrontamos o que interpretamos como "a mesma espécie de situação". O que precisamos compreender é que esses hábitos, ao contrário dos vícios, podem ser modificados, alterados ou invertidos; basta para isso que tomemos uma decisão consciente e depois nos exercitemos na nova reação ou comportamento.

Exercício

Habitualmente, você calça primeiro o sapato esquerdo ou o direito. Habitualmente, você amarra o cordão do sapato passando a ponta direita por trás da esquerda, ou vice-versa. Amanhã de manhã "determine" qual dos sapatos você calçará primeiro e de que maneira vai amarrar o cordão dos sapatos. Agora, resolva conscientemente que nos próximos 21 dias você vai formar o hábito de calçar o outro sapato em primeiro lugar e amarrar os cordões de maneira diferente. Agora, cada manhã, quando você resolve calçar os sapatos de uma certa maneira, deixe que esse simples hábito lhe sirva de lembrete para você modificar outras maneiras habituais de pensar, agir e sentir, durante todo o dia. Diga a si mesmo, enquanto amarra o cordão do sapato: "Estou começando o dia de uma forma nova e melhor." Depois, decida conscientemente que durante o dia:

1. Serei tão jovial quanto possível.
2. Procurarei me sentir e comportar de maneira um pouco mais cordial para com os outros.
3. Serei um pouco menos crítico e mais tolerante para com as outras pessoas, suas falhas, deficiências e erros. Interpretarei suas ações da maneira mais favorável possível.
4. Até onde for possível, comportar-me-ei como se o êxito fosse inevitável, e eu já fosse a espécie de personalidade que desejo ser. Exercitar-me-ei em "agir como" e "me sentir como" essa nova personalidade.
5. Não permitirei que minha própria opinião dê aos fatos um colorido pessimista ou negativo.
6. Vou me exercitar em sorrir pelo menos três vezes por dia.
7. Não importa o que aconteça, reagirei de maneira tão calma e inteligente quanto possível.
8. Ignorarei completamente e fecharei meu espírito a todos os "fatos" pessimistas e negativos que eu nada possa fazer para modificar.

Simples? Sim. Mas cada uma dessas maneiras habituais de agir; sentir e pensar tem indubitavelmente uma influência benéfica e construtiva em sua auto-imagem. Ponha-as em prática durante 21 dias. "Experimente-as" e veja se o tédio, o sentimento de culpa, a hostilidade não diminuíram e se sua autoconfiança não aumentou!

(In: *Liberte sua Personalidade*, Maxwell Maltz, Summus Editorial, 1965.)

A ARTE DE VIVER

JESUS DE NAZARÉ
(O Christo) - Fundador da religião cristã e marco cultural da civilização moderna. Nasceu na aldeia de Nazaré, no ano 5 ou 7 de nossa Era. Não deixou nada escrito. Sua vida é contada pelos evangelistas e constitui a essência do Novo Testamento. Ensinava por parábolas e aforismos. Acusado de traição contra o império romano e religiosos da época, foi condenado e morreu crucificado em 34 a 37 d.C.. Considerado pelo cristianismo como a maior personalidade da história da Humanidade.
(5/7 a.C.- 34/37 d.C.).

> *Felizes e benditos são aqueles que amam o Senhor de todo o coração, com toda a alma e com todas as forças e ao próximo como a si mesmo.*

Um Sorriso

Um sorriso não custa nada e proporciona tanto! O sorriso enriquece quem o recebe e não torna mais pobre quem o dá. Dura um momento, mas sua lembrança permanece para sempre.

Ninguém é tão rico ou poderoso que possa prescindir de um sorriso; ninguém é tão pobre que não obtenha lucro ao recebê-lo.

Um sorriso cria felicidade no lar, estimula a boa vontade no trabalho e é o simbolo da amizade. Proporciona descanso aos inquietos, estímulo aos que perderam a coragem. É um raio de sol para quem está triste e, por sua natureza, o melhor antídoto contra os problemas.

No entanto, não pode ser comprado, implorado, emprestado ou roubado, pois só tem valor quando é oferecido.

Algumas pessoas parecem cansadas demais para lhe dar um sorriso. Dê-lhos um dos seus, pois ninguém precisa mais de um sorriso do que quem não sabe sorrir.

> **O destino não vem de fora até o homem; sai do próprio homem.**
>
> *Rainer Maria Rilke*
> (Poeta, nascido em Praga, 1875-1926)

A ARTE DE VIVER

Eu me Amo do Jeito que Sou!

Pensando hierarquicamente

A vida inteira ele sonhou em achar ouro. Tudo o que fazia era pensando nisso. A idéia não lhe saía da cabeça, desde que acordava, e quando comia, e enquanto dormia. Não parava de pensar em achar ouro.

Como não tinha recursos para pesquisar ouro, decidiu vender tudo o que tinha, sua casa, seus pertences, e foi para o noroeste do país, procurar ouro. Lá, durante anos ele cavou, cavou, cavou, cavou, e nada encontrou.

Sem condições de continuar procurando, voltou para sua cidade, onde pelo menos tinha parentes que poderiam acolhê-lo.

Ao voltar, soube que o comprador de sua casa, quando foi fazer obras para reformá-la, abrindo um buraco no quintal encontrou uma grande quantidade de ouro, tornando-se multi-milionário.

* * *

Agora você tem a oportunidade de descobrir a pepita de ouro que existe (sempre existiu) dentro de você. Com base em tudo o que você passou desde a infância, em tudo o que aprendeu, em suas muitas qualidades, nos exercícios e nas declarações positivas que você fez ao longo da leitura deste livro, você vai escrever uma carta de amor para você mesmo, dizendo tudo o que você ama em si.

Sim, é isso mesmo. Você está apaixonado por essa pessoa que é você.

Comece a carta assim: "Amado (ou amada)..." — escreva seu nome — e não se reprima em nada do que quiser dizer na declaração de amor a você mesmo. E como as pessoas apaixonadas são mesmo capazes de sinceros exageros, por favor exagere. Tudo o que você disser de positivo, mesmo inventado, será utilizado a seu favor, por sua mente, na elevação de sua auto-estima. Portanto, capriche, pois você é uma pessoa merecedora de todo o seu amor.

Utilize as próximas páginas para escrever sua carta. Depois de escrever, destaque a folha e guarde-a em um envelope fechado. Sempre que tiver vontade, abra e releia. Mas não mostre a ninguém. Como acontece com as melhores cartas de amor, esta é para ser lida apenas por quem envia e por quem recebe: você.

(In: *Auto-Estima*, dr. Lair Ribeiro, Editora Objetiva, 1994.)

A ARTE DE VIVER

ABRAHAM LINCOLN - Estadista norte-americano, nascido em Kentucky. Em suas tentativas para ocupar cargos políticos, foi derrotado várias vezes, mas, perseverante, não desistiu. Ocupou uma cadeira na Câmara dos Deputados e foi eleito Presidente dos Estados Unidos por duas vezes, sendo que na segunda, não concluiu o mandato: foi assassinado. Defensor da causa abolicionista. Na sua primeira gestão, fez a declaração de emancipação dos escravos. Originário de família humilde, segundo consta, Lincoln tinha um temperamento mesclado de bom-humor e humildade, o que fez dele, um dos mais estimados estadistas dos Estados Unidos. (1809-1865).

“

Quase sempre a maior ou menor felicidade depende do grau da decisão de ser feliz.

”

O Propósito da Vida

Todos nós nos perguntamos, em certo ponto, por que fomos postos no mundo e qual é o propósito da vida. É claro que existem várias visões sobre este assunto e vamos citar apenas três possibilidades.

A primeira é a visão *humanista*, que afirma que você deve fazer todo o possível para atingir seu pleno potencial, que deve lutar para ser o melhor que puder. Em segundo lugar, os fundamentalistas afirmam que o propósito e a razão supremos do Homem, para viver, é *glorificar seu Criador*. A terceira, como ensinaram e demonstraram, com seus exemplos, muitos grandes líderes através da história, é *servir seus semelhantes*. Jesus de Nazaré, Buda, Maomé, Madre Teresa e Albert Schweitzer são exemplos de pessoas que dedicaram suas vidas ao serviço dos outros.

Qualquer que seja a visão da sua preferência, existe muita sinergia e consistência em todas essas abordagens. Pode-se argumentar que servir os outros é o maior desafio aos talentos e habilidades individuais. Também é útil glorificar nosso Criador trabalhando com as pessoas e ajudando-as a sair da pobreza, do desespero e das fraquezas humanas tão comuns no mundo de hoje.

Quer você acredite que seu propósito na vida é atingir seu pleno potencial, glorificar nosso Criador ou servir aos outros, ele somente poderá ser alcançado através de sacrifício pessoal, esforço persistente e relações cooperativas com os outros. Você precisa encontrar alguma coisa maior e mais nobre que você, uma causa que agite suas emoções como nenhuma outra. Cada um de nós deve lutar para tornar este mundo um lugar melhor que aquele que encontramos. E cada um de nós deve decidir que contribuições podemos fazer.

(In: *Pense Como um Vencedor,* dr. Walter Doyle Staples, Editora Pioneira, 1995.)

A ARTE DE VIVER

ARISTÓTELES - Filósofo grego, discípulo de Platão. Está incluído entre os grandes filósofos do mundo. Além da Filosofia destacou-se, também, no estudo da Biologia e Ciências Naturais. Produziu centenas de obras sobre todos os temas do saber humano. A soma de suas obras constituem a Enciclopédia da Grécia. Foi o criador da terminologia da ciência e da filosofia usadas até os dias atuais. As obras: *Política*, *Metafísica* e *Ética*, estão entre os legados que ele deixou para a posteridade. (384-322 a.C.).

> **A felicidade consiste em fazer o bem.**

A ARTE DE VIVER

Por que Sofrer?

Perguntaram os discípulos a Jesus: "Mestre, quem pecou para que este homem nascesse cego, ele ou seus pais?"

Respondeu-lhes o Mestre: "Nem ele nem seus pais pecaram, mas isso aconteceu para que nele se manifestassem as obras de Deus."

Por que sofremos?, perguntaram os homens em face da lúgubre esfinge.

Sofremos porque nossos pais pecaram — dizem uns — e nós herdamos seu débito...

Sofremos — dizem outros — porque nós mesmos pecamos em tempos remotos, e pagamos dívidas antigas...

Será verdade? Sofremos apenas para pagar débitos passivos? Débitos contraídos, ou débitos herdados?...

Terá o sofrimento caráter puramente negativo? Será só aterrar abismos — e nada de erguer montanhas?...

Só para pagar débitos — e não para acumular crédito?

Se o Nazareno não nega aquilo — afirma com toda a decisão isto último...

Pode o homem sofrer para revelar a glória de Deus, revelando-se a si mesmo — e que haveria de mais positivo?

Se, como sofredores passivos, somos filhos da humanidade pecadora — como sofredores ativos somos redentores de nós mesmos.

Pagamos uma parcela do débito coletivo — e criamos crédito individual.

Revelamos a glória de Deus — aperfeiçoando a nossa alma...

O sofrimento é um grande escultor...

Liberta-nos do apego ao mundo corpóreo — ergue-nos às alturas do universo espiritual.

Redime-nos da obsessão do nosso egoísmo — realizando em nós o Eu divino...

Consome a poeira da nossa vaidade — na fornalha de martírio atroz...

Abatem-se os montes do nosso orgulho — ao furor de dolorosa tempestade.

Sara a grangrena da nossa luxúria — ao fogo de cautério cruel...

Assim como a corrente elétrica só faz incandescer o fio metálico quando encontra grande resistência — assim só brilha o espírito humano em face da luta...

Revoltar-se contra a dor — é sinal de incompreensão...

Capitular em face da dor — é prova de fraqueza...

Espiritualizar-se pela dor — é afirmação de poder espiritual.

Sofre o estóico, em passiva resignação, porque não pode evitar a adversidade.

Sofre o revoltado como sofre o escravo inerme e com taciturno protesto contra iníquo opressor...

Sofre o cristão, porque o Cristo sofreu — e assim entrou em sua glória...

E, ainda que pudesse na glória entrar sem sofrer — não quereria nela entrar senão pela porta do seu Redentor...

Somente via Calvário quer o discípulo do Cristo subir ao Tabor...

Quer por amor ao Cristo sofrer o que o Cristo por amor sofreu...

(In: *De Alma para Alma*, Huberto Rohden, Editora Martin Claret, 1991.)

A ARTE DE VIVER

ÉRICO VERÍSSIMO - Escritor brasileiro. Sua inclinação pela literatura despontou cedo. Segundo consta, através do cargo de secretário de uma revista famosa, exerceu grande influência nos meios culturais brasileiros. Era poliglota e a este dom, deve-se a tradução e publicação, no Brasil, de obras de grandes escritores europeus e norte-americanos. Entre seus livros encontram-se: *Olhai os Lírios do Campo* e *Incidente em Antares*. Este último foi produzido para a televisão brasileira. (1905-1975).

"
Felicidade é a certeza de que a vida não está se passando inutilmente.
"

Velho Tema ou O Soneto da Felicidade

Só a leve esperança, em toda a vida,
Disfarça a pena cle viver, mais nada;
Nem é mais a existência, resumida,
Que uma grande esperança malograda.

O eterno sonho da alma desterrada,
Sonho que a traz ansiosa e embevecida,
É uma hora feliz, sempre adiada
E que não chega nunca em toda a vida.

Essa felicidade que supomos,
Árvore milagrosa que sonhamos
Toda arreada de dourados pomos,

Existe, sim: mas nós não a alcançamos
Porque está sempre apenas onde a pomos
E nunca a pomos onde nós estamos.

Vicente de Carvalho

A ARTE DE VIVER

ROUSSEAU (Jean-Jacques) - Filósofo, escritor e professor de teoria musical. Filho de franceses, mas nasceu em Genebra na Suíça. Segundo consta, o malogro das experiências afetivas levou o pensador a se refugiar entre os livros e a viajar constantemente. Escreveu muitos livros. Sua obra de teoria política: *O Contrato Social* e a obra pedagógica *Emílio*, publicadas em 1762, foram consideradas ofensivas às autoridades e causaram-lhe grandes problemas. Rousseau teve que sair da França, disfarçado, e procurar refúgio na Prússia onde ficou algum tempo. (1712-1778).

> A espécie de felicidade de que preciso não é tanto fazer o que quero, mas não fazer o que não quero.

A ARTE DE VIVER

Minutos de Sabedoria

A faste-se dos ambientes malsãos.
Evite as pessoas mal intencionadas.

No entanto, se sua presença puder melhorar, sem que com isso sofra a sua alma, leve sua virtude mesmo ao antro do vício.

Mas faça como o sol, que ilumina e saneia o pântano, sem que seu raio de luz e calor dali se afaste enlameado e fético.

Seja você o espelho vivo de sua fé.

* * *

Se suas palavras forem ásperas e duras, se em todas as criaturas você descobrir um adversário, a vida se tornará uma tortura!

No entanto, repare que a Terra é uma escola sagrada.

E você poderá ser feliz, se conseguir ver em todos a boa vontade que os anima.

Atraia para sua convivência amigos devotados, por meio de suas palavras, mas sobretudo de seus pensamentos voltados sempre para o amor e o serviço do próximo.

(In: *Minutos de Sabedoria*, C. Torres Pastorino, Ed. Vozes, 1993.)

> Um sonhador é aquele que só encontra seu caminho sob o luar e que, como punição, percebe a aurora antes dos outros.

Oscar Wilde
(Escritor e dramaturgo inglês, 1854-1900)

A ARTE DE VIVER

Que é a Felicidade?

Um homem que na juventude foi servente de pedreiro, porém, chegou a ser milionário e não só fez parte da alta sociedade mas recebia em casa a família real de seu país, deixou, ao morrer, uma carta de seu próprio punho, a qual nos convence uma vez mais de que as riquezas, honras e prazeres não bastam para satisfazer o coração humano. Eis a carta, publicada no *Sunday Express*, anos depois de seu autor, J. White, suicidar-se em Swindon, Inglaterra.

"No umbral da eternidade devo fazer uma revelação franca e completa de minha alma. Recebi soberanos, chamei pelo nome a duques e condes, atuei na política, possuí um iate, cavalos de corrida, um teatro e jornais. Gastei cento e cinqüenta milhões em variadas empresas, estimulei os esportes, estabeleci prêmios, sustentei pugilistas; e cheguei a gastar até um quarto de milhão num só dia. Todos me festejavam; o mundo me chamava 'ditoso White'. Depois de experimentar o que é sentir fome, conheci o que é ter tudo que se pode desejar e sentir que milhares de pessoas esperavam o pão de minhas mãos. Tive um trem especial para ir a Manchester (ainda que em 1909 tivesse de ir, a pé, de Londres a Rochdale porque estava sem dinheiro). Conheci homens e mulheres que são amáveis e afetuosos enquanto alguém lhes é útil, porém, lhe voltam as costas quando já não têm meios de sê-lo.

"Neste último dia de minha vida, meu cérebro faz desfilar ante meus olhos episódios e mais episódios. O sentimento gozoso de contentamento do passado asfixiou-se numa existência ruidosa e febril. Um dia se sucede ao outro com parecida monotonia, e cada indivíduo tem os mesmos desejos: mais dinheiro, mais prazeres e menos trabalho. A visão de todos aqueles que rendem homenagem à fortuna repugna à alma. O rico pode dar festas e presentes, ser o herói dos clubes noturnos, ver seu nome nas crônicas mundanas, e crer-se o segundo depois de Deus. Sem o dinheiro, porém, é abandonado de todos e terá então como únicos amigos o remorso e o pesar. Minha cabeça delira, meu coração palpita; vejo toda a loucura de minha vida; tudo se paga. Basta!"

Esta experiência e a de muitos outros homens, que nos fastígios da glória decidiram eliminar a vida, demonstra que nem as riquezas, nem as honras, nem os prazeres constituem os ingredientes da verdadeira felicidade. Muito ao contrário, pois a experiência demonstra, vezes sem conta, que o afã de conseguir estas coisas como alvo supremo na vida não conduz senão à desilusão.

Que é então a felicidade e onde podemos encontrá-la? Ao se falar de felicidade, é natural que se evoque sua antítese, a saber, o sofrimento. Involuntariamente contrastamos a condição em que se sofre com a do bem-estar. Podemos dizer que felicidade é a ausência de sofrimento? Até certo ponto sim, pois se bem que conheçamos casos de pessoas que sofreram muito e que, no entanto, foram felizes, é forçoso reconhecer que se sentiam felizes quando a dor se ausentava ou diminuía muito de densidade. Em verdade, pode-se ser feliz apesar das dores físicas, da pobreza e outras desvantagens. Por outro lado, há quem não sofra, goze de muito boa saúde, tenha grandes recursos pecuniários e, apesar de tudo, não é feliz. Chegamos, portanto, a esta conclusão: Ser feliz é estar bem como se pode estar e saber reconhecê-lo.

Marcelo J. Fayard

A ARTE DE VIVER

TALES DE MILETO - Filósofo, matemático e astrônomo grego. Considerado um dos sete sábios da Grécia. Foi contemporâneo de Anaximandro, Anaxímenes e Heráclito. São chamados de filósofos pré-socráticos. Estudioso da astronomia, Tales foi o primeiro sábio grego a sustentar que a Lua brilhava devido ao reflexo da luz solar. (624-546-a.C.).

"

A felicidade do corpo consiste na saúde, e a do espírito, na sabedoria.

"

A ARTE DE VIVER

Obra de Autor

Quando nascemos, dão-nos o livro da vida. O número de páginas é predeterminado, mas essas páginas estão em branco, e cabe a nós preenchê-las. Não é obrigatório seguir as indicações alheias. Quando somos pequenos, os pais e a sociedade escrevem por nós os primeiros capítulos, e pode acontecer que não gostemos muito deles. Mas nada nos obriga a continuar a história no estilo em que foi começada. Por isso, viremos hoje uma nova página, agarremos na caneta e comecemos a escrever nossa própria história. Afinal de contas, só se vive uma vez.

(In: *S'aidir Soi-Même*, Lucien Auger, Les Éditions de l'Homme, Montreal)

A ARTE DE VIVER

DA VINCI (Leonardo) - Pintor, escultor, inventor e engenheiro. Nasceu em Vinci, na Itália. Um dos grandes expoentes das artes renascentistas. Entre suas obras artísticas está a *Gioconda* (Mona Lisa), a mulher do sorriso indefinível. Compõe a galeria dos grandes gênios de todos os tempos (1452-1519).

> **A felicidade está na atividade.**

A Sua Palavra é a Sua Oração Poderosa

A sua palavra é a sua oração. Todo-poderosa.
A palavra é o próprio Deus se manifestando em você.

Talvez, como diz o início do evangelho de João, possamos afirmar que a palavra é o próprio Deus, por ser a manifestação de Deus.

Escreveu o evangelista João, no início do seu evangelho: "No princípio, era a Palavra e a Palavra era Deus. E tudo o que foi feito foi feito pela Palavra."

A sua palavra também tem o poder de Deus.
Use, então, só palavras positivas.
Só fale positivamente.
Nas suas conversas, só fale o bem, só diga o bem, só pense o bem, só veja o bem, e a sua palavra produzirá esta realidade.

Se você fala o mal, colherá o mal.
Se você fala o bem, colherá o bem.
O próprio Jesus ensinou que todo o bem que se fala, que se pensa e que se deseja a alguém, retorna multiplicado.

Esta é a lei infalível do retorno. Note bem: infalível. Infalível.

Se você deseja recolher as vantagens e os benefícios desta lei, só fale o bem, só pense o bem, só deseje o bem e só faça o bem.

O bem, criado em sua mente, acontece em você.

(In: *O Poder Infinito da Oração*, Lauro Trevisan, Editora da Mente, 1990.)

A ARTE DE VIVER

TUCÍDIDES - Historiador grego, nascido em Halimonte. Testemunhou a guerra do Peloponeso e escreveu a obra histórica: *História da Guerra do Peloponeso*, dividida em oito volumes. Após meados do século XIX, quando a História adquiriu *status* de ciência, a obra de Tucídides tornou-se uma importante fonte de estudo da civilização grega. (460-400 a.C.).

"
Lembre-se de que o segredo da felicidade está na liberdade e o segredo da liberdade está na coragem.
"

A ARTE DE VIVER

Uma Atitude de Vencedor

1. Um vencedor diz: "Vamos encontrar a resposta"; um perdedor diz: "Ninguém sabe isso".

2. Quando um vencedor comete um erro, diz: "Enganei-me"; quando um perdedor comete um erro, diz: "A culpa não é minha".

3. Um vencedor mete-se dentro de um problema e sai do outro lado; um perdedor cava sua própria cova e não consegue nunca sair dela.

4. Um vencedor assume compromissos; um perdedor faz promessas.

5. Um vencedor diz: "Sou bom, mas posso vir a ser melhor"; um perdedor diz: "Não sou pior que muitos outros".

6. Um vencedor procura aprender com aqueles que lhe são superiores; um perdedor procura destruir os que lhe são superiores.

7. Um vencedor diz: "Há de haver um meio melhor de triunfar"; um perdedor diz: "Sempre se fez assim".

(In: *A Sua Liberdade Financeira*, André Blanchard, Editora Gente, 1993.)

A ARTE DE VIVER

DEMÓCRITO - Filósofo grego, nascido em Abdera, Trácia. Quase nada sobreviveu das obras de Demócrito, que somariam cerca de 72 livros. Sua obra é conhecida através de referências feitas por outros autores. Demócrito era conhecido como "O Filósofo Risonho". Ficou famoso devido à teoria atomística que desenvolveu e que é semelhante às teorias modernas sobre a estrutura da matéria. Suas conclusões nasceram da introspecção e intuição, pois que, à época, não havia instrumentação científica para experimentações. (470-380 a.C.).

"

Quem faz o homem feliz não é o dinheiro e sim a retidão e a prudência.

"

A ARTE DE VIVER

O Que é Realmente Importante?

O que parece ser importante no momento nunca é o que realmente está acontecendo. Para a abelha, o importante é o mel, enquanto que para a Natureza o que importa é a polinização que a abelha efetua em busca do néctar. Da mesma forma, os seres humanos — 99% programados pelos seus cromossomos — sempre fizeram as coisas certas pelos motivos errados. O que nós concebemos como efeitos secundários ou colaterais são, na realidade, os principais eventos da Evolução.

Nada disso foi planejado. Sucedeu-se como a formação gradual da galinha dentro do ovo, que para o olho pouco treinado parece caótica e descontrolada. Os seres humanos não enxergam as inter-relações lógicas dos grandes acontecimentos evolucionários. Para nós, o planejamento ainda não é uma obrigação — pelo menos não como os "Planejadores" concebem o planejamento. É absolutamente imprevisível qual será a coesão dos eventos e das descobertas. A única coisa certa é que se tornarão coesos. O "Planejador" personifica o erro humano de supor que o Universo está apenas aguardando que os seres humanos tomem as principais decisões evolucionárias.

(In: *Androginia*, Buckminster Fuller, Ed. Cultrix, 1991.)

> **E o problema é que, se você não arrisca nada, o risco é ainda maior.**
>
> *Erica Jong*

A ARTE DE VIVER

Candidato à Verdadeira Felicidade

F elicidade é vida em festa — e festa na vida. Mas, para haver festa e flores, é necessário fazer uma limpeza geral na casa.

Infelizmente, a nossa civilização e vida social está quase toda baseada em mentiras, fraudes, falsidades, hipocrisias e outras poluições.

A patroa dá ordem à empregada para dizer às visitas que a "dona não está em casa".

O negociante tem de mentir constantemente aos fregueses para vender as suas mercadorias.

O leiteiro mente dizendo que leite com 50% de água é leite puro.

O vinicultor põe no seu vinho, além de água e anilina, drogas picantes e nocivas, para vender melhor ou atender ao gosto viciado dos consumidores.

O farmacêutico falsifica os seus produtos de laboratório para ganhar mais dinheiro, pondo em perigo a vida e a saúde daqueles que ingerem as drogas.

O cabo eleitoral mente ao público que o seu candidato é o melhor do mundo, quando ele bem sabe que o seu patriotismo obedece à plenitude do bolso.

O orador sobe à tribuna, cônscio da sua inigualável competência, e inicia a sua peça oratória com as palavras costumeiras: "Eu, apesar da minha absoluta incompetência...", abrindo ligeira pausa para ouvir das primeiras filas um murmúrio de "não apoiado", suavíssima carícia para a sua vaidade.

"Muito prazer em conhecê-lo" — quantas vezes não encobre esta frase estereotípica sentimentos diametralmente opostos aos que os lábios proferem?

90% do que Jornais, Rádio e Televisão propalam é mentira a serviço da cobiça.

Tão inveterados são estes e outros vícios sociais que é quase impossível viver em sociedade sem ser contagiado por essas poluições. Tudo isto, porém, é sujeira moral, que torna praticamente impossível o desenvolvimento de uma verdadeira felicidade.

Candidato à verdadeira felicidade! grava bem dentro do teu coração esta grande verdade: **Nunca farei depender a minha felicidade de algo que não dependa de mim!**

(In: *O Caminho da Felicidade*, Huberto Rohden, Editora Martin Claret, 1994.)

A ARTE DE VIVER

SÓCRATES - Chamado "mestre da Grécia", é considerado um dos grandes pensadores de todos os tempos. Sócrates era cidadão ateniense, nascido no subúrbio de Alopeke. Seu estilo de ensino — a maiêutica — pressupõe que o conhecimento já está no homem. Não deixou nada escrito. O que se sabe sobre sua filosofia foi contado por seus discípulos, principalmente Platão e Xenofonte. Acusado de corromper a juventude com suas teorias filosóficas, foi condenado à morte, sendo obrigado a ingerir o veneno cicuta. (470/469-399 a.C.).

> *Tudo aquilo que diz respeito à alma quando submetido à razão, conduz à felicidade.*

A ARTE DE VIVER

O Juiz Sufi

Dois homens se desentenderam. Para resolver a contenda, foram a um juiz sufi e pediram que ele servisse de árbitro. O reclamante apresentou sua reivindicação. Foi muito eloqüente e convincente na argumentação. Quando terminou, o juiz acenou com a cabeça em sinal de aprovação e disse: "Tem razão".

Ao ouvir isso, o acusado pulou do banco e falou: "Espere um pouco, senhor juiz. O senhor nem sequer ouviu o meu lado da questão". O juiz, então, disse ao acusado que apresentasse seus argumentos. Ele também foi muito persuasivo e eloqüente. Quando terminou, o juiz disse: "Tem razão".

Quando o escrevente viu aquilo, saltou do banco por sua vez e ponderou ao juiz: "Senhor juiz, os dois não podem estar certos". O juiz olhou para o escrivão e disse: "Tem razão".

Moral: *A verdade está em toda parte, o que interessa é para onde você olha.*

(In: *Um "Toc" na Cuca*, Roger Von Oech, Cultura, 1995.)

A ARTE DE VIVER

VILLA-LOBOS - Músico e regente brasileiro. Internacionalmente conhecido. Em 1943, foi laureado pela Universidade de Nova York com o título de *Doutor Honoris Causa*. Em 1944, recebeu do Occidental College de Los Angeles, o título de Doutor em Leis Musicais. Foi o idealizador e primeiro presidente da Academia Brasileira de Música. Recebeu homenagem póstuma do prefeito de Nova York que proclamou o dia do seu nascimento (5 de março) como o dia Villa-Lobos. (1887-1959).

> "Um povo que sabe cantar está a um passo da felicidade."

A ARTE DE VIVER

A Arte de Formular um Desejo

Um mendigo, que nascera cego e levava uma vida solitária sustentada pela caridade dos seus vizinhos, acossava longa e incessantemente certa divindade com as suas súplicas. Finalmente, esta se comoveu com a sua contínua devoção, mas com receio de que o adorador não se satisfizesse com facilidade cuidou de obrigá-lo, por juramento, a pedir não mais do que uma só graça.

Isso deixou o mendigo perplexo por um longo tempo, mas sua inventividade profissional veio, afinal, em seu socorro.

— Apresso-me em obedecer à ordem, generoso Senhor, disse ele, e esta única dádiva é tudo o que peço de tuas mãos, a saber: que eu viva para ver o neto do meu neto brincando num palácio de sete andares, atendido por um séquito de servidores na hora da sua refeição de leite e arroz servida numa taça de ouro. E concluiu, expressando a esperança de não ter excedido o limite de um só desejo a ele concedido.

A divindade viu que fora completamente surpreendida, porque, embora una em sua forma, a graça pedida abarcava as múltiplas dádivas da saúde, da riqueza, da vida longa, da restauração da visão, do casamento e da descendência. Pela muita admiração que sentiu pela astúcia e perfeito tato de seu adorador, se não em cumprimento da palavra empenhada, a divindade se viu obrigada a conceder-lhe tudo o que havia pedido.

(In: *Um Novo Modelo do Universo*, P. D. Ouspensky, Editora Pensamento, 1987.)

A ARTE DE VIVER

BUDA (Siddhartha Gautama) - Líder espiritual do Oriente, nascido em Kapilavastu, no sopé do Himalaia, em território do atual Nepal. Filho do rei Suddhodana (reino dos Sakyas), despojou-se de sua fortuna para se dedicar a ensinar a Verdade. É considerado o fundador do Budismo. Não deixou nada escrito. (556-476 a.C.).

> **Nem a riqueza, nem a beleza fazem a felicidade. Aquele que ama a Verdade e a Justiça, este sim, é feliz.**

A ARTE DE VIVER

Como Foram Seus Últimos 365 Dias? Como Serão os Próximos 365 Dias?

Para a maioria das pessoas, viver consiste em debater-se

Muitas e muitas pessoas têm vivido nesta terra desde que a raça humana começou — bilhões e bilhões delas. E sobre cada cabeça, tanto como sobre a sua e a minha, tem pairado a tentadora palavra e idéia chamada "Felicidade". A felicidade constitui um estado que muita gente apenas aflorou momentaneamente, se o aflorou, e que a maioria (tanto da classe alta como da baixa) jamais atinge de modo fundamental.

Um dos grandes fracassos da raça humana tem sido o fracasso de seus membros em alcançar algo parecido com uma felicidade duradoura na terra.

Como foram seus últimos 365 dias?

Para chegar ao que quero dizer, pergunte a si mesmo: "Como foram meus últimos 365 dias?"

Teriam sido uma série empolgante de momentos maravilhosamente vividos? Atravessou você, exultante e entusiasticamente, uma dourada avenida de dias cantarolando uma canção feliz, sem uma única falhazinha de apreensão nos batimentos do coração? Durante quanto tempo, nos seus últimos 365 dias, esteve com preocupações (que é uma palavra branda), ou dificuldades (que é um pouco mais séria), ou desgostos (que é bem o que a palavra diz)?

Provavelmente, os seus 365 dias não foram muito diferentes do que são para os outros.

A triste realidade na vida da maioria das pessoas

Por trás da fachada que apresenta em público, a maioria das pessoas vive desajustada; muitas estão inquietas; outras estão preocupadas até o grau da confusão mental; algumas estão francamente arrasadas. A maioria delas não tem disposição para reagir; sentem-se cansadas, feridas, com uma sensação desagradável de grande infelicidade. Têm dúzias de coisas que as preocupam. Seu cálice transborda de apreensões, terrores, irritações. Quase nunca souberam o que é viver bem. Passaram a debater-se durante seus últimos 365 dias, tentando evitar, mas sempre tropeçando sobre desgostos novos e perturbadores, nunca conseguindo alcançar entusiasmos sadios, mas continuando pela vida a roer perenes aborrecimentos, mais irritadas do que satisfeitas, mais timoratas que corajosas, mais apreensivas que calmas.

Eis o triste fracasso de bilhões e bilhões de pessoas que têm passado pela terra.

O mais importante não foi aprendido: como

conduzir-nos de modo a podermos viver.

Sua vida pode ser boa

A vida humana — sua vida — não precisa ser assim. Sua vida pode ser uma jornada cheia de alegria e entusiasmo por uma dourada avenida de dias, cantorolando uma canção feliz. Na realidade, uma vida desta espécie é tão fácil, e infinitamente melhor, quanto à velha maneira de passar debatendo-se.

Viver, em vez de debater-se, será sua recompensa por haver envidado um pequenino esforço para descobrir como alcançar este privilégio.

Você pode adquirir o necessário conhecimento de como viver assim

Neste século vinte, pela primeira vez na História, a Psicologia e a Psiquiatria desenvolveram o conhecimento de como se deve viver.

Neste livro, este novo conhecimento é apresentado em termos práticos e comuns. Este volume tem como finalidade específica ensinar às pessoas como mudar a maneira de viver, que tiveram durante os últimos 365 dias, para uma nova maneira que persista pelos 365 dias seguintes e daí por diante.

O método adotado neste livro passou por testes longos e bem sucedidos

O método de viver, apresentado neste livro, foi-se desenvolvendo gradualmente durante 20 anos de esforços, experiências, erros e sucessos, numa grande clínica médica do centro-oeste dos Estados Unidos. Revelou-se muito eficiente, auxiliando milhares de pessoas a escapar de efeitos físicos resultantes de um vida instável, e deu-lhes um conhecimento de como andarem para a frente por um caminho novo e melhor.

Conexão entre viver e debater-se e a maior parte de nossas doenças

No consultório médico se evidencia o quase universal fracasso para se conduzir a vida eficientemente, apresentando-se este insucesso em todas as desastrosas complicações.

As pessoas chegam ao médico ainda ostentando a fachada de que sempre se utilizam e que exprime: "Com exceção destas dores e padecimentos, estou muito bem, é claro. Dirijo minha vida tão satisfatoriamente como é possível para qualquer um."

Mas, no decorrer da entrevista e do exame, torna-se evidente que o esforço de uma vida infeliz, a debater-se, é quase sempre a causa da doença da pessoa.

Nós, criaturas humanas, estamos habituadas a suportar a infelicidade

O doente não procura o médico por motivo de sua *infelicidade* que é, realmente, a causa de sua doença. Nem sequer menciona seus desgostos até que o médico lhe ganhe a confiança e, então, abandona a fachada atrás da qual estava escondido.

O doente, tanto como você e eu, endureceu-se

num mundo cruel. Assume a atitude que muitas pessoas sempre têm tido: "Pipocas! Felicidade? Eis uma linda palavra. Mas é uma pena! Não existe! Ninguém jamais acreditou que a felicidade exista ou venha a existir."

Aceita a infelicidade como uma rotina difícil, porém, normal nas condições de vida na Terra.

Mas é penoso suportar os sintomas físicos da infelicidade

O doente comparece ao médico por causa dos sintomas físicos resultantes de um esforço violento de uma vida instável e, não, por causa de sua infelicidade. O doente, é claro, não percebe que os sintomas físicos e a infelicidade são, ambos, produzidos pela maneira de viver a debater-se.

O paciente aceita a infelicidade como coisa natural.

Mas não aceita o cansaço, a dor e todos os demais sintomas. São desagradáveis e o indivíduo está disposto a reagir fazendo alguma coisa.

Fica surpreendido quando lhe dizem que só alcançará êxito se mudar de vida, uma idéia que não lhe ocorreu ao encarar seu caso. Todos nós supomos que a maneira como estamos vivendo é a única possível, dentro das circunstâncias.

Mas o doente precisa aprender a mudar de vida — a *viver*. Precisa libertar-se de uma porção de coisas que se agarram a ele como ostras numa pedra. É a única alternativa para não continuar a ser infeliz e, assim, acabar com a tensão emocional suscitada pelo debater-se e desenvolver emoções sadias, aprendendo como viver.

A tensão emocional devida ao debater-se determina 50% de nossas doenças

Os leigos têm a impressão mais vaga possível de que a tensão emocional determina distúrbios físicos. A maior parte das pessoas, mal vislumbra, quão freqüentemente, e quão profundamente, a tensão emocional repercute sobre o corpo.

De vez em quando, uma criatura é bastante objetiva para perceber que sua vida é um mar de aborrecimentos, mas, geralmente, continua sem perceber que está sofrendo os efeitos da chamada tensão emocional. A tensão emocional é do tipo do fenômeno bastante real e, entretanto, intangível para a maioria das pessoas e, quando começa a angústia física, não fazem a menor idéia de que seja proveniente da tensão emocional.

Os efeitos físicos das emoções estão fora da consciência ou da volição

A consciência controla as oscilações das emoções de uma única maneira: mudando o potencial de emoção do pensamento.

Todos, inclusive você, e eu, não damos o devido valor às proporções e aos efeitos de nossa tensão emocional. Quando se debate num mar de aborrecimento, não há quem não se orgulhe, meio conscientemente, por exercer algum controle sobre coisa tão supostamente efêmera como a tensão emocional.

Cada qual pensa: "Esta coisa que chamam de tensão emocional causa doenças nos outros, mas podem apostar quanto quiserem que em mim não pega!"

Entretanto, pode-se apostar o que se quiser, pois o diabo o pegará assim mesmo.

E também o pegará, "se você não estiver atento!"

Virtualmente, cada um de nós experimenta uma vez ou outra, uma doença causada pelas emoções. Mais de 50% de todas as doenças examinadas pelos médicos são induzidas pelas emoções! Isto, meu amigo, não é uma situação efêmera. Expressa em termos monetários, tal situação custa aos Estados Unidos muitas vezes mais, por ano, que os danos resultantes de inundações constantes de todos os rios do país.

Uma situação assim é uma catástrofe nacional!

E, quando uma doença induzida pela emoção o acomete, é uma catástrofe pessoal!

(In: *Como Viver 365 Dias por Ano*[1], John A. Schindler, Editora Cultrix, 1975.)

---

[1] Prezado leitor: Este pequeno texto é aparte da Introdução do livro *Como Viver 365 Dias por Ano*, de autoria do dr. Schindler. Recomendamos com entusiasmo que leia e estude todo o livro. Será uma das melhores coisas que você poderá oferecer a você mesmo no campo da saúde e da conquista da felicidade. (Nota do Editor)

> O que hoje é um paradoxo para nós, será uma verdade demonstrada para a posteridade.

Denis Diderot
(Filósofo e escritor francês, 1713-1784)

A ARTE DE VIVER

Liberte-se do Passado

Uma história zen

Na vida que, em geral levamos, há muito pouca solidão. Mesmo quando estamos sós, nossa vida está tão repleta de influências, de conhecimentos, de memórias e experiências, de ansiedade, aflição e conflito, que nossa mente se torna cada vez mais embotada e insensível, funcionando numa monótona rotina. Estamos sós, alguma vez? Ou estamos transportando conosco todas as cargas do passado?

Conta-se uma história interessante de dois monges que, caminhando de uma aldeia para outra, encontraram uma jovem sentada à margem de um rio, a chorar. Um dos monges dirigiu-se a ela, dizendo: "Irmã, por que choras? E ela respondeu: "Estás vendo aquela casa do outro lado do rio? Eu vim para este lado hoje de manhã e não tive dificuldade em vadear o rio; mas, agora ele engrossou e não posso voltar; não há nenhum barco". "Oh!", diz o monge, "isto não é problema" — e levantou nos braços a jovem e atravessou o rio, deixando-a na outra margem. E os dois monges prosseguem juntos a jornada. Passadas algumas horas, diz o outro monge: "Irmão, nós fizemos o voto de nunca tocar numa mulher. O que fizestes é um horrível pecado. Não sentiste prazer, uma sensação extraordinária, ao tocar uma mulher?" — E o outro monge responde: "Eu a deixei para trás há duas horas. Tu ainda a estás carregando, não é verdade?"

A ARTE DE VIVER

PAULO COELHO - Escritor, teatrólogo e ensaísta. Considerado o maior fenômeno literário dos últimos tempos, no Brasil. Sua mensagem é de cunho espiritual-filosófico. Em menos de dez anos escreveu seis obras, todas *best sellers*, traduzidas para quase todas as línguas. Sua obra: *O Alquimista* foi vendida para o cinema. Recentemente foi condecorado na França pelos méritos da sua obra literária. (1947-   ).

> **A felicidade às vezes é uma bênção, mas geralmente é uma conquista.**

A ARTE DE VIVER

Pontos a Ponderar

O conhecimento não é apenas mais um produto. Nunca se gasta. Aumenta com a difusão e cresce com a dispersão.

Daniel J. Boorstin

Os jovens olham apenas numa direção — em frente; vêem as coisas como elas são e idealizam como deveriam ser. Nunca olham para trás e vêem como elas eram — até porque, ainda não viveram o suficiente para conhecê-las de outra forma, em outras sociedades; até porque, ainda não tiveram oportunidade de as conhecer melhor. Os mais velhos, porém, devem reunir as duas dimensões. Somente assim se justifica que exista e continue a existir a diferença entre as gerações.

Eric Sevareid — Saturday Review

A arte da conversação consiste no exercicio de duas qualidades delicadas: temos que originar diálogo e, ao mesmo tempo, compartilhar dos sentimentos dos outros; temos que possuir simultaneamente o hábito de comunicar e o hábito de escutar. A união é rara, mas irresistível.

Benjamin Disraeli

É incrivelmente fácil cairmos numa vida hiperativa e competitiva fazermos todos os esforços para subir os degraus do sucesso, para afinal descobrirmos que a escada está apoiada na parede errada.

Steven R. Covey — The 7 Habits of Highly Effective People (Simon & Schuster)

(In: *Seleções do Reader's Digest*, junho, 1996.)

A ARTE DE VIVER

SPINOZA (Baruch) - Filósofo e escritor, nascido em Amsterdam. É considerado o "pai" do panteísmo moderno. Sua filosofia exerceu grande influência sobre poderosas correntes filosóficas subseqüentes e teve grande influência na evolução do pensamento filosófico moderno. Sua obra mais célebre é *Ética*. (1632-1677).

> *A felicidade não é recompensa da virtude, mas a própria virtude.*

A ARTE DE VIVER

O Exercício de Andar e a Felicidade

Um jovem pesquisador que se dispôs a estudar os benefícios do andar teve uma grande surpresa. Ele já esperava que os adeptos da caminhada ficassem mais saudáveis e fortes do mesmo modo que ocorria com os praticantes de *jogging*. Certamente isso ocorreu. Mas ele não esperava, daqueles que andaram, tamanho entusiasmo.

Ele sugeriu ao grupo para andar 3 Km e todos fizeram 4,5 Km. Sugeriu, também, que passeassem despreocupadamente e, após alguns minutos, eles ficavam excitados e começavam a mover os braços, iniciando um estilo rápido de andar chamado *marcha atlética*. Os praticantes de caminhada não se contundiam, nem desistiam. O pesquisador descobriu que andar é mais que uma atividade saudável: é uma atividade física amistosa. Andar é seguro, sociável e agradável.

Toda forma de andar beneficia sua saúde — quer você esteja passeando ou andando acelerado. Andar melhora sua disposição enquanto diminui seu peso. Andar estimula sua criatividade e põe em forma sem sobrecarregar as articulações. Mesmo no mais lento dos passos, andar pode ajudá-lo a proteger seus ossos da lenta degeneração pela osteoporose e reduzir consideravelmente suas chances de morrer devido a uma doença cardíaca. Em velocidades maiores, andar queima calorias mais rapidamente que o *jogging*. Andar melhora sua aparência e pode melhorar também sua vida sexual. E pesquisas mais recentes indicam: cada hora andada aumenta sua perspectiva de vida de uma hora.

Cada passo dado em seu programa para andar representa um passo para uma saúde melhor. Não há um estilo "certo" de andar, todos sabem como colocar um pé na frente do outro. Como veremos, algumas técnicas no andar ajudarão você a atingir suas metas de boa forma mais facilmente que outras. Uma técnica popular, a marcha atlética, não apenas ajuda a queimar calorias extras, como também age diretamente sobre as formas de seu corpo. A marcha atlética ajuda atirar a barriga e dar forma a seus braços. Pode até melhorar sua postura e evitar dores lombares baixas.

Benefícios de andar

- Queima calorias extras.
- Controla o peso.
- Dá forma ao corpo
- Melhora o desempenho do sistema cardiorrespiratório.
- Melhora a postura.
- Não sobrecarrega as articulações.
- Proporciona ossos mais fortes.
- Estimula a criatividade.
- Infunde energia.

Andar é um ótimo exercício

Andar rapidamente 4 Km, em 30 minutos, queima 320 calorias, em média. Esta quantidade de calorias é igual à queimada se você despender esses 30 minutos nadando 1.200 m, ou correndo 4,5 Km, ou andando de bicicleta 11,4 Km.

Cinco regras práticas para manter a forma, andando

1. Você deve exercitar-se pelo menos três vezes por semana para manter a forma ou melhorá-la.

2. Se você interromper por mais de três dias as sessões de caminhadas, serão cancelados os ganhos.

3. Três semanas é aproximadamente o tempo necessário para seu corpo se adaptar a um novo nível de exercício.

4. Faça um intervalo de recuperação de 24 horas para cada hora de exercícios altamente extenuantes. Seu corpo necessita de tempo para se recuperar.

5. Nunca aumente seus exercícios de andar mais que 10% por semana. Aumentos de 10% a 15% a cada três semanas são mais sensatos.

A ARTE DE VIVER

HENRY FORD - Industrial norte-americano, nascido em Greenfield Village, Michigan. Colocou o automóvel ao alcance do homem médio e revolucionou o modo de vida norte-americano. Seus métodos de produção em massa foram imitados por outras indústrias e por outros países. É considerado o maior gênio industrial do século. (1863-1947).

> A lei natural é a lei de trabalho e só por meio de trabalho honesto há felicidade e prosperidade.

A ARTE DE VIVER

Um Apólogo*

Era uma vez uma agulha, que disse a um novelo de linha:

— Por que está você com esse ar, toda cheia de si, toda enrolada, para fingir que vale alguma cousa neste mundo?

— Deixe-me, senhora.

— Que a deixe? Que a deixe, por quê? Porque lhe digo que está com um ar insuportável? Repito que sim, e falarei sempre que me der na cabeça.

— Que cabeça, senhora? A senhora não é alfinete, é agulha. Agulha não tem cabeça. Que lhe importa o meu ar? Cada qual tem o ar que Deus lhe deu. Importe-se com sua vida e deixe a dos outros.

— Mas você é orgulhosa.

— Decerto que sou.

— Mas por quê?

— É boa! Porque coso. Então os vestidos e enfeites de nossa ama, quem é que cose, senão eu?

---

* Historieta mais ou menos longa, que ilustra uma lição de sabedoria e cuja moralidade é expressa como conclusão. (N.do E.)

—Você? é que os cose? Você ignora que quem os cose sou eu, e muito eu?

— Você fura o pano, nada mais; eu é que coso, prendo um pedaço ao outro, dou feição aos babados...

— Sim, mas de que vale isso? Eu é que furo o pano, vou adiante, puxando por você, que vem atrás, obedecendo ao que faço e mando...

— Tambén os batedores vão adiante do imperador.

— Você imperador?

— Não digo isso. Mas a verdade é que você faz um papel subalterno, indo adiante; vai só mostrando o caminho, vai fazendo o trabalho obscuro e ínfimo. Eu é que prendo, ligo, ajunto...

Estavam nisto, quando a costureira chegou à casa da baronesa. Não sei se disse que isto se passava em casa de uma baronesa, que tinha a modista ao pé de si, para não andar atrás dela. Chegou a costureira; pegou do pano, pegou da agulha, pegou da linha, enfiou a linha na agulha, e entrou a coser. Uma e outra iam andando orgulhosas, pelo pano adiante, que era a melhor das sedas, entre os dedos da costureira, ágeis como os galgos de Diana — para dar a isto uma cor poética. E dizia a agulha:

—Então, senhora linha, ainda teima no que dizia há pouco? Não repara que esta distinta costureira só se importa comigo; eu é que vou aqui entre os dedos dela, unidinha a eles, furando abaixo e acima...

A linha não respondia nada; ia andando. Buraco aberto pela agulha era logo enchido por ela, silenciosa e ativa, como quem sabe o que faz, e não está para ouvir palavras loucas. A agulha, vendo que ela não lhe dava resposta, calou-se também, e foi andando. E era tudo silêncio na saleta de costura; não se ouvia mais que o *plic-plic-plic-plic* da agulha no pano. Caindo o sol, a costureira dobrou a costura, para o dia seguinte; continuou ainda nesse e no outro, até que no quarto acabou a obra, e ficou esperando o baile.

Veio a noite do baile, e a baronesa vestiu-se. A costureira, que a ajudou a vestir-se, levava a agulha espetada no corpinho, para dar algum ponto necessário. E enquanto compunha o vestido da bela dama, e puxava a um lado ou outro, arregaçava daqui ou dali, alisando, abotoando, acolcheteando, a linha, para mofar da agulha, perguntou-lhe:

— Ora, agora, diga-me quem é que vai ao baile, no corpo da baronesa, fazendo parte do vestido e da elegância? Quem é que vai dançar com ministros e diplomatas, enquanto você volta para a caixinha da costureira, antes de ir para o balaio das mucamas? Vamos, diga lá?

Parece que a agulha não disse nada; mas um alfinete, de cabeça grande e não menor experiência, murmurou à pobre agulha: — Anda, aprende, tola. Cansaste em abrir caminho para ela e ela é quem vai gozar da vida, enquanto aí ficas na caixinha de costura. Faze como eu, que não abro caminho para ninguém. Onde me espetam, fico.

Contei esta história a um professor de melancolia, que me disse, abanando a cabeça: — Também eu tenho servido de agulha a muita linha ordinária!

Machado de Assis (1839-1908)

A ARTE DE VIVER

LUIZ BORGES - Escritor, poeta e conferencista argentino. Um dos escritores mais versáteis, populares e laureados do século XX. Foi eleito presidente da Sociedade Argentina de Escritores. Nomeado professor de literatura inglesa na Faculdade de Filosofia e Letras de Buenos Aires. Entre as inúmeras láureas e prêmios que recebeu estão o título de *doutor honoris causa* da Universidade de Cuyjo (Mendonza-Argentina) e o prêmio Nacional de Literatura (Argentina). O governo francês outorgou-lhe a insígnia de *L'Ordre des Lettres et des Arts*. Seu último livro foi: *Os Conjurados* (1899-1986).

> **Uma forma de felicidade é a leitura.**

Faça Uso do Princípio "Como se"

Há alguns anos o notável psicólogo, William James, anunciou seu famoso princípio do "como se". Disse: "Se deseja uma qualidade, aja como se realmente já a tivesse. Tente a técnica do "como se". Ela está repleta de poder, e funciona."

Por exemplo, suponhamos que você seja tímido, desconfiado, com um miserável complexo de inferioridade. O procedimento para modificar esse estado de coisas, passando para uma extroversão normal é tentar visualizar-se, não como pensa que é, mas como gostaria de ser, uma pessoa confiante e segura, apta a conhecer pessoas e resolver situações. Desde que o pensamento ou imagem do que você deseja ser está profundamente impresso em sua consciência, comece, deliberadamente, a agir de maneira confiante, como se fosse capaz de manejar situações e encontros pessoais. É lei provada da natureza humana que, conforme nos imaginamos ser, e conforme agimos na suposição de que somos o que nos vemos sendo, iremos, com o tempo, tendendo fortemente a nos tornarmos assim, contanto que perseveremos no processo.

Essa lei de mudança pessoal auto-assumida,

tem sido demonstrada por muitas e diversas pessoas. Por exemplo, o famoso líder religioso John Wesley ficou apavorado durante um violento temporal no Atlântico, quando ele viajava para a América, no século XVII. Mas havia pessoas a bordo do navio, que jogavam desvairadamente, mostrando-se calmas e confiantes durante o temporal. Wesley ficou tão impressionado pela imperturbabilidade daquelas pessoas, que lhes perguntou o segredo, e este era uma serena fé na providencial proteção de Deus. Quando Wesley confessou, tristemente, que não tinha uma fé assim, um deles disse:

— O segredo é simples. Aja como se tivesse essa fé, e com o tempo, a fé, com essa característica, tomará conta de sua pessoa.

Wesley seguiu o conselho e chegou a desenvolver tão poderosa fé, que lhe permitiu dominar as situações mais difíceis. Portanto, se você tem medo, discipline-se para agir como se tivesse coragem. Se é tenso, aja deliberadamente como se fosse calmo e seguro de si. Shakespeare, cuja intuição quanto à natureza humana mal foi igualada, confirma esse método: "Assuma uma virtude, se não a tem" — diz-nos ele, no terceiro ato do *Hamlet*.

Também, você, pode ativar-se para o entusiasmo pelo uso do princípio "como se." O que você é vem a seu encontro. Esse notável princípio é assim descrito por Emerson: "Um homem é um método, um arranjo progressivo, um princípio seletivo reunindo a ele os que se lhe parecem, onde quer que vá." Assim, aja como quer ser e será como agir.

(In: *O Poder do Entusiasmo*, Norman Vincent Peale, Cultrix, 1995.)

> O único lugar onde o sucesso vem antes do trabalho é no dicionário.

Vidal Sassoon

A ARTE DE VIVER

Sobre a Vida Feliz

Em primeiro lugar, precisamos procurar saber qual é a nossa meta; depois, o caminho pelo qual poderemos atingi-la mais rapidamente, e, durante a jornada, desde que estejamos no caminho certo, devemos descobrir qual a distância que podemos vencer, a cada dia, e também qual a distância que ainda resta percorrer, para alcançar a meta para a qual somos impelidos por um desejo natural. Mas, enquanto caminharmos sem rumo, sem nenhum tipo de orientação, seguindo apenas o ruído e os chamados discordantes dos que nos atraem para diferentes direções, passaremos a vida cometendo erros —uma vida que é curta, mesmo quando nos esforçamos, dia e noite, para obter a sabedoria. Vamos, portanto, decidir tanto a meta, como o caminho, e, também, procurar um guia experiente que já tenha explorado a região para onde estamos avançando; pois as condições dessa jornada são diferentes da maioria das outras jornadas. Em quase todas as jornadas, uma estrada bem conhecida e perguntas feitas aos habitantes da região impedem que você se perca; mas nesta, os caminhos mais percorridos e mais frequentados também, são os mais enganadores. Nada, portanto, precisa ser mais enfatizado do que o aviso de que não devemos, como carneiros, seguir a liderança dos que estão na nossa frente, percorrendo o caminho que todos percorrem e não o caminho que deveríamos percorrer.

Sêneca (aproximadamente 58 d.C.)

A ARTE DE VIVER

CHARLES CHAPLIN - Cineasta, ator e escritor inglês, nascido em Walworth, Londres. Com unanimidade é considerado um dos maiores gênios da sétima arte. Produziu mais de uma centena de filmes. Sua personagem mais famosa é Carlitos que se destacou no cinema mudo, continuando sua fama após o advento do cinema falado. Chaplin foi agraciado com muitas condecorações, entre elas, o grau máximo de Cavaleiro, pela rainha Elizabeth da Inglaterra, o que lhe deu o título de *Sir*. (1889-1977).

"

Nos últimos vinte anos conheci a felicidade. Quisera escrever sobre isso, porém, é de amor que falo e o amor está acima de tudo que se possa exprimir.

"

A ARTE DE VIVER

O Que é Bem-Estar Total?

Um dos grandes princípios do universo é o do equilíbrio. Se a terra estivesse alguns quilômetros mais próxima do sol, seria um inferno. Se estivesse alguns quilômetros mais afastada, seria um deserto frio e desolado. Mas em sua posição atual, situada a uma distância ideal do sol, nosso planeta encontra-se numa situação perfeita para sustentar uma notável proliferação de formas de vida.

Os átomos, que são os elementos básicos de construção de toda a matéria existente na terra, constituem outro exemplo desse equilíbrio perfeito. O núcleo do átomo é constituído de nêutrons e prótons, numa organização incrivelmente harmoniosa. Não obstante, é através da divisão de um desses átomos que se efetuam as cataclísmicas erupções de energia nuclear. Para funcionar adequadamente, cada parte de nosso mundo, por mais minúscula que seja, deve permanecer num estado de completo equilíbrio.

O mesmo acontece com o corpo humano.

O corpo humano é simplesmente mais uma parte do universo que deve estar em perfeito equilíbrio. Somos constituídos de tal maneira que necessitamos de uma quantidade exata de exercício, nem mais, nem menos. Necessitamos da quantidade exata de determinados tipos de alimentos. E necessitamos da quantidade adequada de sono e de alívio das tensões e esforços da vida cotidiana.

Se um indivíduo vai longe demais em qualquer sentido — excesso ou carência de exercício, alimentação ou repouso — todo o seu sistema físico e psicológico se desequilibra. E onde existe falta de equilíbrio existe, também, uma falta de bem-estar pessoal.

Da mesma maneira, pelo lado positivo, onde existe equilíbrio existe uma sensação de bem-estar. E onde existe equilíbrio perfeito existe o que chamo de bem-estar total.

(In: *Programa Aeróbico para o Bem Estar Total*, dr. Kenneth H. Cooper[1], Nórdica, 1984.)

---

[1] O Dr. Keeneth H. Cooper, médico, com mestrado em saúde pública, é o homem que inventou os aeróbicos.
O Dr. Cooper é formado pela Faculdade de Medicina da Universidade de Oklahoma e mestre em saúde pública pela Faculdade de Saúde Pública de Harvard. Tendo pertencido ao corpo médico da Força Aérea dos Estados Unidos, o seu programa aeróbico é adotado, oficialmente, não apenas pela Força Aérea como também pela Marinha do seu país onde são, aos milhares, as equipes profissionais e amadoras que seguem seu planejamento de preparação física.

A ARTE DE VIVER

TEILHARD DE CHARDIN - Teólogo, cientista, matemático, filósofo e geólogo francês. É um dos expoentes da teologia contemporânea. Inovou no campo da filosofia apresentando teorias mescladas de espiritualidade e ciência. Desagradou a Igreja Católica e somente após sua morte é que suas obras foram reconhecidas pelo Vaticano. Sua obra mais famosa é *O Fenômeno Humano*. (1881-1955).

> Matéria, Vida e Energia: são as três colunas de minha visão e de minha felicidade interior.

A ARTE DE VIVER

Polarização Pessoal

O homem que foi sozinho ao Pólo Norte, Dr. Jean-Louis Etienne, explica o que essas incursões nos gelos e neves lhe proporcionaram: "Há dois grandes momentos de felicidade: quando temos um sonho e quando conseguimos concretizá-lo. Entre esses dois momentos, há uma grande dose de incerteza, uma grande vontade de desistir. Mas temos que perseguir os sonhos até o fim. Há bicicletas abandonadas em todas as garagens porque os proprietários ficaram demasido doloridos nas primeiras vezes em que as usaram. Eles não entenderam que a dor faz parte da aprendizagem. Estive 1000 vezes prestes a desistir, antes de atingir aquele momento de felicidade em que me esqueci do frio. Consegue-se isso na pintura ou na música, desde que se admita que, antes de podermos tocar uma sonata de Bach, temos de aprender primeiro as escalas. Só com perseverança poderemos descobrir-nos a nós próprios. Cabe a cada um de nós encontrar seu próprio Pólo.

(In: *L'Express*, Paris)

A ARTE DE VIVER

HELEN KELLER - Escritora e conferencista. Nasceu em Tuscúmbia, Alabama. Desde tenra idade ficou triplamente deficiente (cega, surda e muda). Com uma fé inabalável venceu todos os obstáculos, tornando-se um dos maiores exemplos para a humanidade. Está entre as personalidades mais destacadas deste século. Viajou por vários países do mundo fazendo conferências e visitando entidades e institutos de deficientes físicos para os quais levava incentivo e orientação. (1880-1968).

> **As maravilhas do Universo são-nos reveladas na medida em que nos tornamos capazes de percebê-las.**

A ARTE DE VIVER

Desafiando as Regras

"Todo ato de criação é, antes de tudo, um ato de destruição."

Picasso

Se construir padrões fosse a única coisa necessária para criar novas idéias, todos nós seríamos gênios criadores. O pensamento criativo não é só construtivo — é destrutivo também. Como foi dito no capítulo de abertura, o pensamento criativo inclui brincar com o que se sabe — e isso pode significar o rompimento de um padrão para a criação de um outro, novo. Portanto, uma estratégia eficaz de pensamento criativo consiste em bancar o revolucionário e desafiar as normas. Quer um bom exemplo?

No inverno de 333 a.C., o general macedônio Alexandre e seu exército chegam à cidade asiática de Górdio para se aquartelar. Durante sua estada, Alexandre ouve falar da lenda sobre o famoso nó da cidade, o "nó górdio". Uma profecia diz que aquele que desatasse o nó, estranhamente complicado, se tornaria rei da Ásia.

Esta história intriga Alexandre, que pede para

ser levado até onde estava o nó, pois queria desatá-lo. Ele o estuda por alguns instantes, mas, após infrutíferas tentativas de achar a ponta da corda, não vê saída. "Como poderei desatar o nó?", pergunta.
Então, ele tem uma idéia: "Basta estabelecer minhas próprias regras sobre como desatar nós". Ato contínuo, Alexandre puxa da espada e corta o nó ao meio. A Ásia lhe estava destinada.

Copérnico quebrou a regra de que a Terra se encontra no centro do Universo. Napoleão rompeu as normas sobre a forma adequada de se fazer uma campanha militar. Beethoven desobedeceu as leis que indicavam como uma sinfonia devia ser composta. Picasso rompeu a regra de que um selim serve para a pessoa se sentar enquanto pedala, andando de bicicleta. Pense: quase todos os avanços na arte, na ciência, na tecnologia, nos negócios, em marketing, na culinária, na medicina, na agricultura e no desenho industrial aconteceram quando alguém questionou as normas e tentou uma outra abordagem.

(In: *Um "Toc" na Cuca*, Roger Von Oech, Cultura, 1995.)

A ARTE DE VIVER

AUGUSTE COMTE - Filósofo francês, nascido em Montpellier. Criador do pensamento positivista que se difundiu por toda a Europa. Comte viveu à época da Revolução Industrial, o que veio a influenciar suas teorias sobre a religião científica como é chamado o positivismo. O núcleo do pensamento positivista está centrado na idéia de que, para se organizar a sociedade mundial é necessária uma completa reforma intelectual do homem. As bases e a doutrina do pensamento positivista deram origem à sua obra denominada *Catecismo Positivista*. (1798-1857).

"

> Viver para os outros é não somente a lei do dever como da felicidade.

"

A ARTE DE VIVER

Toda a Diversidade se Baseia na Unidade

Toda a pluralidade radica na unidade,
E esses dois são um em si.
O céu é puro porque é Uno
A terra é firme porque é Una.
As potências espirituais são ativas,
Porque são unidade.
Tudo que é poderoso assim é,
Porque é unidade.
Tudo que é vivo assim é,
Graças à sua unidade.
Os soberanos são modelos,
Somente quando preservam sua unidade
Tudo se realiza pela unidade.
Sem ela, os céus se partiriam,
E a firmeza da terra pereceria.
Sem a atuação da unidade,
Falhariam as potências espirituais.
Sem a sua plenitude,
Acabaria tudo em vacuidade.
A fecundidade acabaria
Em total esterilidade.
Sem o poder da unidade,
Pereceria tudo que é vivo.

E os soberanos ruiriam no pó.
Os sábios sabem que toda a sabedoria
Radica na simplicidade;
Que tudo que é alto,
Se apoia no que é baixo.
Por isso também os reis e príncipes
Se consideram servos do povo,
Sabendo que toda a sua grandeza
Tem por alicerce o Uno e simples.
Quem dissolve uma carruagem
Não tem mais carruagem.
Quem quer brilhar como pedra preciosa,
E se dissolve, cai por terra,
Como uma poeira sem valor.

Explicação:

Neste capítulo celebra Lao-Tse a apoteose da Unidade na Diversidade, que é o característico do Universo sideral, e que deve ser o apanágio do Universo hominal. Onde não há perfeito equilíbrio entre o Uno e o Verso, não há harmonia cósmica nem hominal.

Esta verdade básica do Uno que se revela no Verso formando o Universo, é o alicerce e o ápice da "Filosofia Univérsica", cuja eclosão aconteceu no Brasil mas cuja incubação existia há milênios e subjaz, consciente ou inconscientemente, a todas as grandes filosofias da humanidade.

(In: *Tao Te King*, Lao-Tse, Editora Martin Claret, 1990.)

A ARTE DE VIVER

PASCAL (Blaise) - filósofo, matemático e físico francês. Com suas teorias filosóficas de impacto, entrou em conflito com a poderosa Ordem dos Jesuítas no século XVII. Construiu a máquina aritmética e deixou vários trabalhos sobre geometria e aritmética. Escreveu várias obras , entre elas a mais popular é *Os Pensamentos*. (1625-1662).

"

O prazer dos grandes homens consiste em poder tornar os outros mais felizes.

"

A ARTE DE VIVER

Sugestões Práticas Para Uma Atitude Intuitiva

• Preste atenção às sensações intuitivas que o seu corpo pode estar indicando para você.

• Harmonize-se com o seu subconsciente agindo e pensando positivamente. Ele guarda e abre o seu canal intuitivo de contato com a Alma.

• Descubra maneiras de nutrir o hemisfério direito do seu cérebro. Faça coisas com sua mão não-dominante e exercite a sua criatividade.

• Evite muitas horas de exercícios intelectuais que possam cansar a mente. Crie um espaço silencioso na mente e aprenda a incubar suas indagações.

• Faça arte, seja divertido, criativo; seja insólito de vez em quando.

(In: *O Livro Das Atitudes*, Sônia Café, Editora Pensamento, 1990)

A ARTE DE VIVER

GUIZOT (François Pierre Guillaume) - Político e historiador francês, nascido em Nimes. Foi educado em Genebra, sob orientação calvinista. Depois de formado, retornou à Paris e iniciou sua carreira profissional e literária. Foi professor de História Moderna na Sorbone; Secretário Geral do Ministério do Interior e Ministro da Instrução Pública. Fundou a Sociedade Histórica da França. Restaurou a Academia de Ciências Morais e Políticas. Foi embaixador em Londres. Escreveu diversas obras literárias, entre elas: *História Geral da Civilização na Europa*. (1787-1874).

> **O estudo é a valorização da mente a serviço da felicidade humana.**

A ARTE DE VIVER

A Macrobiótica, ou os Caminhos da Felicidade, da Saúde e da Paz

O bjetivo de cada um de nós neste mundo, a felicidade, recebeu dos sábios do Oriente, há milhares de anos, uma definição que me parece ainda hoje válida. Segundo eles, homem feliz é aquele que:

1. tem uma vida sã e longa, e se interessa por tudo;
2. não se preocupa com o dinheiro;
3. sabe instintivamente evitar os acidentes e as dificuldades que conduzem à morte prematura;
4. compreende ser o Universo ordenado em todos os seus níveis;
5. não sente o desejo de ser o primeiro, porque sabe que os primeiros se tornarão para sempre os últimos.

A filosofia oriental ensina o meio prático de se atingir esta felicidade em todos os aspectos: individual, social, biológico, fisiológico, lógico e ecológico. A maioria dos grandes homens realizaram-se por si próprios, o que demonstra a inutilidade da educação escolar, instrução formadora de escravos, cuja mentalidade é incompatível com a felicidade.

Neste guia, evito explicar a filosofia Yin-Yang da Felicidade, o Juízo Supremo e as chaves do Reino dos Céus, tais como foram vistas por Lao-Tse, Buda, Sang-Tse e tantos outros, porque já existem numerosíssimas obras a esse respeito. A compreensão integral dessa filosofia será inútil se não chegarmos a viver dias de felicidade, cada vez mais freqüentemente.

Se a concepção oriental de felicidade vos interessar, experimentai o método macrobiótico[1] durante, pelo menos, uma semana ou duas. Eu o recomendo após tê-lo ensinado durante 48 anos, pois estou certo de que ele é o primeiro passo para a felicidade.

A outra via, que consiste em mergulhar nos estudos práticos e teóricos, é longa, difícil, enfadonha e infrutífera.

Não vos esqueçais de que a filosofia oriental é prática. Somente uma pessoa estranha aos métodos medicinais pode pretender procurar a felicidade do corpo, aumentando o número de doentes com a ajuda de produtos farmacêuticos, cada vez mais numerosos, e de operações cirúrgicas, cada vez mais complicadas. A filosofia oriental é uma disciplina de vida que cada um pode seguir com prazer quando e onde quiser. Ela restaura, ao mesmo tempo, a saúde e a harmonia entre o corpo, o espírito e a alma, condição indispensável a uma vida feliz.

Todas as grandes religiões nasceram no Oriente, origem da luz. Graças a elas, os povos orientais,

---

[1] "Macrobiótica" — do grego *macro*, que signinifica grande, e *bios* — vida, isto é, técnica ou arte da longa vida.

sobretudo os do Extremo-Oriente, viveram pacificamente, durante milhares de anos, até a chegada da civilização ocidental, razão por que o Japão foi sempre denominado "o país da longevidade e da paz".

Tudo, porém, está sujeito a mudanças neste mundo flutuante. Os países da Ásia e da África foram colonizados pela civilização ocidental, e seu pacifismo fez com que abandonassem as suas próprias tradições e adotassem os costumes do Ocidente. A civilização importada torna-se cada vez mais poderosa, as guerras mais cruéis, e a civilização científica é agora a nova religião da humanidade. Nós admiramo-la muito. Poderemos, contudo, esperar que ela concorde com a velha civilização da saúde, da liberdade, da felicidade e da paz?

Procurei combinar, durante 48 anos, estas duas civilizações, e creio haver encontrado a maneira de o fazer. Penso que, se os ocidentais estudassem a verdadeira filosofia oriental, resolveriam não somente os numerosos problemas de ordem científica e social, mas também as grandes questões, como as da felicidade e da liberdade.

O primeiro passo para isso consiste em estudar a alimentação oriental, base da saúde e da vida feliz e que, no Japão, era considerada como a arte divina da vida. Esta arte baseava-se em princípios filosóficos, enquanto que no Ocidente o comer e o beber parecem ser guiados simplesmente pela procura do prazer. Os que acabam de fazer o que comumente se diz "uma boa refeição" mostram, por seus traços fisionômicos, que estão cansados, intoxicados pelos alimentos demasiadamente ricos, que consumiram; seus propósitos não testemunham a lucidez de sua inteligência. Os pratos que se encontram nos restaurantes japoneses ou chineses da Europa satisfazem apenas o baixo prazer sensorial e eclipsam completamente o discernimento superior. Ao contrário, os verdadeiros mestres das cozinhas japonesa e chinesa preparam pratos excelentes para a saúde e a felicidade, segundo os princípios da macrobiótica. O regime dos mosteiros ZEN no Japão é chamado SYOZIN RYORIR, isto é, "cozinha que melhora o discernimento".

Se a indústria, na Europa ou nos Estados Unidos, pudesse produzir uma alimentação macrobiótica, ela realizaria a primeira revoluçao desse gênero e declararia a guerra total à doença e a miséria.

A macrobiótica não é uma medicina empírica de origem popular, nem uma medicina mística ou dita cientifica e paliativa, porém, a aplicação, à vida diária, dos princípios da filosofia oriental. É a aplicação de uma concepção dialética do universo, velha de 5.000 anos e que indica o caminho da felicidade através da saúde. Esse caminho é aberto a todos, ricos e pobres, sábios e ignorantes. Todos aqueles que desejam sinceramente libertar-se de suas dificuldades fisiológicas, ou mentais, podem segui-la na sua vida quotidiana. Milhares de pessoas no Extremo-Oriente levaram uma vida feliz, beneficiaram-se da paz e da cultura, durante milhares de anos, graças aos ensinamentos macrobióticos de Lao-Tse, de Sang-Tse, de Confúcio, de Buda, de Mahavira, de Nagarjuna, etc., e, muito antes destes, dos sábios que elaboraram a ciência médica da Índia.

Tais ensinamentos envelheceram, porque tudo o que tem um começo tem um fim, e a eles se misturaram a superstição, o misticismo e o profissionalismo. É por isso que aqui vos ofereço uma interpretação nova da macrobiótica.

Perguntareis: Por que é que no Ocidente existem tantos hospitais e sanatórios, tantos remédios e drogas, tantas doenças-físicas e mentais? Por que há tantas prisões, tanta polícia e tantos exércitos?

A resposta é simples: todos nós temos doenças fisiológicas e mentais, cujas causas nos são escondidas pela nossa educação, que não desenvolve em nós os meios de sermos livres e felizes, mas, ao contrário, nos torna "profissionais", isto é, escravos irracionais, cruéis, complicados e ávidos.

A felicidade e a infelicidade, a doença e a saúde, a liberdade e a escravidão não dependem senão da nossa atitude na vida e das nossas atividades. Estas são ditadas pela nossa compreensão da constituição do mundo e do universo. Não existem escolas nem universidades onde possamos aprender a pensar corretamente. As palavras LIBERDADE, IGUALDADE e FRATERNIDADE estão inscritas por todos os lados na França. A sua aplicação é, contudo, apenas teórica.

A vida é infinitamente maravilhosa. Todos os seres (com a única exceção do homem), pássaros, insetos, peixes, micróbios e mesmo os parasitas, vivem felizes na natureza, livres de obrigações com respeito a si próprios e para com os outros. Passei dois anos na floresta hindu e um na africana, e jamais vi um só macaco, crocodilo, serpente, inseto ou elefante, que fosse infeliz, doente ou obrigado a trabalhar para os outros. Todos os povos primitivos que viviam entre eles eram igualmente felizes, antes de serem invadidos por seus "colonizadores", armados de fuzis, de álcool, de açúcar, de chocolate e de religião. A única regra de vida destes primitivos era:

quem não se diverte não come.

Sou o único, e talvez o último revoltado de cor amarela, que deseja viver tão feliz quanto os seus ancestrais. Desejaria restabelecer o reino onde aqueles que não se divertem não devem comer, onde cada um deve viver feliz, pois, como dizia Epicteto, a infelicidade é culpa de cada um. Nesse reino, não haveria nem empregador, nem empregado, nem laboratório farmacêutico, nem escolas, nem hospitais, nem prisões, nem guerra, nem inimigos, porém, todos seriam amigos íntimos, irmãos, pais e filhos, não haveria trabalho forçado, nem crimes, nem castigos, e todos seriam independentes.

Não sou, contudo, revolucionário, nem tenho a intenção de restabelecer um império mundial aparente; desejaria, simplesmente, convidar algumas pessoas a viverem no meu invisível país das maravilhas, onde temos 365 dias de Natal por ano, em lugar de um só, e que foi chamado "Erewhon" por Samuel Butler.

Um lugar feliz.

(In: *Macrobiótica Zen*, Georges Ohsawa, Editora Germinal, 1972.)

A ARTE DE VIVER

ANDRÉ GIDE - Escritor francês. Destacou-se na literatura com o gênero romance. Foi escritor talentoso e consagrado por seu público que o considerava um ídolo. Entre suas muitas obras constam: *Paludes; Os Frutos Terrestres* e *Porta Estreita*. Em 1947, recebeu o título de *Doutor Honoris Causa*, em Oxford. No mesmo ano foi contemplado com o Prêmio Nobel de Literatura. (1869-1951).

> *Sinto em mim a imperiosa obrigação de ser feliz, mas toda felicidade obtida às custas dos outros me parece odiosa.*

A ARTE DE VIVER

Pensamentos Para Incorporar em Sua Vida

• O que eu puder imaginar no meu espírito, poderei realizar um dia.

• Hoje é o único dia de que disponho. Portanto, vou ocupá-lo com atividades amenas e construtivas.

• Nada pode contribuir de maneira mais profícua para o meu progresso do que o esforço diário para situar e remover meus erros e fraquezas.

• Hei de me lembrar sempre de que, qualquer mudança em minha vida, principia com uma mudança em meu raciocínio, porque "os iguais sempre se atraem" no campo do espírito.

• Para viver feliz e bem sucedido devo manter a atitude mental certa — a capacidade de permanecer calmo, sereno e clarividente em todas as circunstâncias.

(In: *Super TNT —Liberte Suas Forças Interiores*, Harold Sherman, Editora Ibrasa, 1985.)

A ARTE DE VIVER

GOETHE (Johann Wolfgang) - Escritor, poeta, pintor, músico e cientista alemão. Nasceu na cidade de Frankfurt. É considerado um dos homens mais versáteis do século XVIII. Dedicou-se às pesquisas biológicas e botânicas. Foi, também, administrador do ducado de Weimar, a convite do Duque daquela cidade. Em Weimar concluiu o estudo (de longos anos) a que deu o nome de *Teoria das Cores*. Sua obra mais conhecida é *Fausto*. (1749-1832).

"

Na plenitude da felicidade, cada dia é uma vida inteira.

"

A ARTE DE VIVER

O Verbete Felicidade

Felicidade. [Do lat. *felicitate*.] S. f. **1.** Qualidade ou estado de feliz; ventura; contentamento: "Felicidade! Felicidade! / Ai quem me dera na minha mão! / Não passar nunca da mesma idade, / Dos 25, do quarteirão." (Antônio Nobre, *Só*, p. 45.) **2.** Bom êxito; êxito, sucesso: Desejo-lhe felicidade no seu novo negócio. **3.** Boa fortuna; dita, sorte: Foi uma felicidade eu ter chegado a tempo, com o tráfego todo atrapalhado. — V. *felicidades*.

feliz. [Do lat. *felice*.] Adj. 2 g **1.** Ditoso, afortunado, venturoso. **2.** Contente, alegre, satisfeito: Vive feliz, com os seus. **3.** Que prosperou; próspero: É feliz nos negócios. **4.** Que teve bom resultado; bem-sucedido: operação feliz. **5.** Bem lembrado ou imaginado: uma feliz combinação de cores. **6.** Abençoado, bendito. **7.** Que denota, ou em que há alegria, satisfação, contentamento, ventura: Tem um ar feliz; [Antôn.: *infeliz*. Superl. abs. sint.: *felicíssimo*.] — V. fim — e final —.

(In: *Novo Dicionário Aurélio da Língua Portuguesa*, Editora Nova Fronteira, 1986.)

A ARTE DE VIVER

MARTIN CLARET - Empresário, editor e jornalista. Nasceu na cidade de Ijuí, RS. Presta consultoria a entidades culturais e ecológicas. Na indústria do livro inovou, criando o conceito do livro-clipping. É herdeiro universal da obra literária do filósofo e educador Huberto Rohden. Está escrevendo o livro *A Viagem Infinita — Novas Tecnologias para Atualização do Potencial Humano*. (1928 -   ).

> **Felicidade não é um "prêmio" por uma boa ação. Felicidade é um estado emocional causado por pensamentos positivos e agradáveis.**

A ARTE DE VIVER

Sandro Botticelli
(1445-1510)

A pintura renascentista florentina, que se iniciara com artistas como Fra Angélico e Masaccio, adquiriu na segunda metade do século 15, com Botticelli, um caráter refinado, melancólico e elegante, afastado das buscas científicas do princípio do século.

Alessandro di Mariano Filipepi, conhecido como Sandro Botticelli, nasceu em Florença, em 1445. Pouco se sabe dos primeiros anos de sua vida. Por volta de 1465 entrou para o ateliê de Filippo Lippi, cujo estilo elegante marcou claramente suas primeiras obras. Mais tarde trabalhou como ajudante de Andrea Verrochio e conheceu Piero Pollaiuolo, criadores que o influenciaram.

Aos 25 anos, Botticelli já possuía ateliê próprio. Entre as primeiras peças ali produzidas destacam-se a alegoria de *A fortaleza* e o *São Sebastião*, que refletiam a maestria de Pollaiuolo na anatomia e no movimento da figura. Por volta de 1477 pintou uma de suas obras mais conhecidas, *A primavera*, em que apresentou Vênus, diante de uma paisagem arborizada, em companhia das Três Graças, Mercúro e Flora, entre outras personagens mitológicas. O quadro era uma alegoria do reino de Vênus, e a deusa representava a *humanitas*, isto é, a cultura florentina da época.

Em 1481, Botticelli foi chamado a Roma pelo Papa Sisto IV para trabalhar, junto com Ghirlandaio, Luca Signorelli, Cosino Rosselli e Perugino, na decoração da Capela Sistina, onde realizou *A tentação de Cristo* e dois episódios da vida de Moisés, obras que lhe deram fama. De regresso a Florença, trabalhou principalmente para a família Medici e participou ativamente do círculo neoplatônico impulsionado por Lourenço, o Magnífico, cuja vila de Volterra, decorou, em colaboração com Filippino Lippi — filho de seu antigo mestre — e também com Perugino e Ghirlandaio.

Nesses anos realizou suas obras mais célebres, de caráter profano e mitológico, como *Marte e Vênus*, *Palas e o centauro*, *O nascimento de Vênus*, relacionadas com o neoplatonismo do filósofo Marsilio Ficino. Na última delas, executada por volta de 1485, pintou Vênus sobre uma concha, emergindo da espuma do mar, para simbolizar o nascimento da beleza através do nu feminino. O desenho, delicado e rítmico, e o refinado emprego da cor, característicos de Botticelli, alcançaram aí perfeita expressão. Entre os quadros religiosos que realizou nessa época, destacou-se a *Virgem do Magnifat*, quadro circular, em que os ideais de beleza apareciam plasmados no rosto da Virgem.

No princípio da década de 1490, a obra de Botticelli viu-se afetada pelo dominicano Girolamo Savonarola, influente em Florença entre 1491 e 1498, após a morte de Lourenço, o Magnífico. Desapareceu a temática mitológica, substituída por outra, devota e atormentada, cujos melhores exemplos foram a *Pietà* de Munique e *A calúnia de Apeles*, baseada nas descrições de um quadro do grego Apeles.

Botticelli morreu em Florença em 17 de maio de 1510, quando triunfava na Itália a estética do alto Renascimento, a que suas últimas obras não foram alheias, pois várias delas mostram um alargamento de escala e uma importância típicos da nova fase.

A pintura do Quatrocentos italiano teve como último grande representante Sandro Botticelli, cuja obra apresenta uma independência bastante acentuada em relação aos artistas anteriores. Deixando de lado a beleza de suas personagens, assim como o misticismo com que estes são representados, a obra botticelliana emana algo que bem podia entroncar com o enigmático e mesmo com o misterioso. Também contribuam para criar esse efeito as luzes e sombras, que nunca são coerentes e surgem nas obras de maneira completamente aleatória.

Seja como for, o certo é que Sandro Botticelli passou a ser um verdadeiro "mito" na história da pintura.

A ARTE DE VIVER

Última Mensagem

E ste livro-clipping é uma experiência educacional. Ele vai além da mensagem explícita no texto.
É um livro "vivo" e transformador.
Foi construído para, poderosamente, reprogramar seu cérebro com informações corretas, positivas e geradoras de ação.
O grande segredo para usá-lo com eficácia é a aplicação da mais antiga pedagogia ensinada pelos mestres de sabedoria de todos os tempos:
A REPETIÇÃO.
Por isto ele foi feito em formato de bolso, superportátil, para você poder carregá-lo por toda parte, e lê-lo com freqüência.
Leia-o, releia-o e torne a relê-lo, sempre.
Invista mais em você mesmo.
Esta é uma responsabilidade e um dever somente seus.
Genialize-se!